大运河历史文化丛书

丛书主编 戴建兵

大运河河北段
历史文化记忆

康金莉 编著

DAYUNHE
HEBEIDUAN
LISHI
WENHUA JIYI

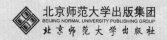

北京师范大学出版集团
BEIJING NORMAL UNIVERSITY PUBLISHING GROUP
北京师范大学出版社

序 言

　　联合国教科文组织世界遗产委员会在 2017 年修订的《实施〈世界遗产公约〉操作指南》中如此解释运河及运河遗产："运河是人类兴建的水路。从历史或技术角度看，运河本质上或作为这种文化遗产类型的一个特例都可能具有突出的普遍价值。历史运河可以被看作一个文物古迹，一种线性文化景观的决定性特征，或是一个复杂的文化景观中的一个组成部分……运河作为一种遗产要素，其特征在于动态的演变过程。这与它在不同时期的用途和它所经历过的技术改变相关，这些改变可能构成重要的遗产要素。"从这一评述中，我们能深切感受到运河文化的广博与独特。关于大运河文化的学术价值和现实意义，近年从不同视角进行阐释的文字已然为数不菲，我们无意再做同质化絮谈。

　　毋庸讳言，在大运河文化研究方面，较之于宏大意义上的宽泛论说，具体而精微的学术成果并不多见。原因概有两点。一是资料缺失，主要表现在：数量不足，因之无法重建异彩纷呈、积淀厚重的大运河历史文化；种类单一，因之难以实现不同源头材料之间的互校互证；难成体系，因之无法开展征信链条相对完整的专题研究。二是在多学科理论方法的有机组合与融会贯通方面思多于行，实少于虚。还需注意的一个问题是，从区域差异来看，相较于大运河沿线的浙江、江苏、山东、天津和北京等省市，河北省在大运河历史文化挖掘、整理和阐释等方面尚存更大的提升空间。

针对上述问题，我们希望根据大运河文化的生态特征，改变既往过多依赖纸质文献资料的惯性，从考古学、社会学、人类学和历史学融通、互鉴、互释的宽广视域，多方开辟资料搜寻路径，系统挖掘和整理相关资料。这些资料起码应该包括：关于大运河治理与农工商业发展之关系的资料；关于大运河与国家治理、社会管理等关系的资料；大运河沿岸的古村落、码头、庙宇、祠堂等古建筑遗存；内容涉及大运河的方志、地方文书、私家笔记、日记、谱牒等；与大运河有关的民风民俗、民间故事、民间传说、文学作品等；与大运河紧密相关的古窑口、古商道、古集镇的资料；有关大运河与渤海的连接通道的资料；与大运河相关的移民、宗族、社会变迁等方面的资料，等等。

相信上述工作的推进，能够助益于运河文化研究者重建问题意识，深化对某些重大问题的研究，如大运河文化的生成、传承和发展，大运河之于国家治理与社会管理的深刻影响，大运河文化的本质特征及其在中华文化体系中扮演的角色，大运河之于中国经济社会发展的价值和意义。同时，大运河文化资料的多样化和系统化，有益于呼应近年社会文化史研究的新趋向，从"社会生活"研究转向"日常生活"研究，从而对大运河沿岸移民问题、风俗民情以及人们的日常生计等问题展开系统研究。而所有这些努力，或可被视为建立"运河学"的前期奠基工作。

2016年，习近平总书记批示："大运河是祖先留给我们的宝贵遗产，是流动的文化，要统筹保护好、传承好、利用好。"希望这套丛书的出版，能够引导和促进人们在大运河文化"保护""传承"和"利用"方面进行更多有益探索。

戴建兵

前　言

　　悠悠运河，承载着中国千年历史，是中华文明的象征。在陆路运输不发达的农业社会，人工开挖河道，疏通交通，为人类改造自然之重要手段，是古代人民智慧的体现。自隋唐以后，大运河南起余杭，北达涿郡，为中国南北运输大动脉，在疏通交通、畅达物流方面具有不可替代的作用，亦成为军事政治集团发动战争、维系统治不可缺少的交通纽带。河北为古代中国最早开挖运河的区域之一，早在战国时期，即有燕下都开凿运粮河的记载。目前，河北运河地上河道与地下河道总长 530 多公里，自北而南贯穿全境。这使河北成为运河流程最长的省份。宋代以前，中国政治中心位于黄河以南，河北为中原与少数民族交界区域，河北运河以军事功能为主。元代以后，随着都城北移，河北运河成为漕运必经河道，政治与经济功能凸显。

　　两千多年来，运河孕育了丰富的运河文化，为河北历史与文明的发展起到不可替代的作用。曹魏时期，人们以邺城为中心，修筑多条运河河道，使运河与天然河道纵横相通，形成四通八达的水运网络，为河北早期农业与商品经济发展提供交通便利。此为魏州成为当时全国最发达商业中心的主要促动因素。沧州自古产盐，其外销主要借助运河之便。自晋时起，沧州盐已借运河之便进行产业化生产，隋唐以后更是名闻天下。盐业以外，河北其他产业，如土特产品等，均借运河之便，实现外向型发展。在古代，运河沿岸成为河北经济与人口中心。尤其自元以来，三代王朝定都北京，河北运河成为进京船只必经之路，漕运达到鼎盛，四方辐辏，沿岸兴起大批商业城镇。运河推动了商业经济的繁荣，促进了宗教与民俗文化的发展。19世纪中期以后，随着政府粮饷运输改行海道，大运河漕运历史终结，但因天津开埠，随之形成以天津为中心、以直隶为腹地的新兴市场。在铁路等现代运输方式兴起之前，运河在商运与民运领域重现生机，成为天津与腹地之间主要的贸易通道。运河与海河等天然河道纵横交错，支撑起华北的商业贸易。20世纪以后，随着现代运输方式的迅速发展，运河逐渐失去商运优势。20世纪70年代，河北运河多处河道断流，直接的经济功能逐渐丧失。但其千百年所形成的运河文化，永远焕发着独特魅力，是河北文化遗产的宝贵财富。改革开放以后，运河沿岸依托运河文化，传承工艺，形成独具运河特色的工业、商业与旅游经济。21世纪以来，运河区域大量修复运河古建遗址，修建运河景观带，使运河成为河北新的经济文化名片。

　　本书对河北运河发展历史，以及运河所孕育的经济、文化等进行简单回顾，方便读者了解河北的运河历史与运河文化，以期抛砖引玉，引发人们对运河文化的重视与思考。

目 录
CONTENTS

第一章 河北与运河

第一节　河北行政区划沿革

　　河北省位于华北平原北部沿海，黄河下游以北，因位于黄河之北而得名。它东临渤海，西傍太行，北越燕山，南跨漳河，与辽宁省、内蒙古自治区、山西省、河南省、山东省接壤，中间环绕京津两市。

　　河北地区很早就出现了人类活动，其行政区划历代多次变更。相传夏朝时，河北大致属冀州，此为今河北简称"冀"之渊源。商代封国位于今河北地区的有土方、孤竹、燕亳等。西周实行"封诸侯、建同姓"的宗法分封制，河北所封诸侯有燕、邢、卫等。战国时期，王室衰微，诸侯割据，河北主要受治于燕、赵、中山及齐、魏等，其中以燕、赵占据河北大部，故河北又称"燕赵大地"。

　　秦灭六国，形成高度集权的统一帝国，废分封，置郡县，于今河北地区有邯郸、右北平、渔阳、广阳、上谷、巨鹿等13郡、24县。汉初郡县与封国并存，河北有右北平、上谷、涿郡、渤海等13郡及中山、真定、河间、广平等6国。魏、晋因袭旧制，变化不大。隋朝时，河北大致属上谷、北平、渔阳等20余郡。唐时，主要属河北道，辖幽、蓟、平等19州，另河东道辖云、蔚等4州。辽、宋时期，北属辽的西京道、中京道、南京道，南属宋之河北西路、河北东路。元由中书省直接管辖，辖上都、大都、永平、兴和、保定等18

路。明为北直隶省，辖顺天、永平、保定、真定等 11 府、州。清为直隶省，辖顺天、宣化等 11 府和易州等 5 州及口北三厅。元、明、清时期，河北因位于京城周围，亦称"畿辅"。

民国初期仍袭清制称直隶省，省会驻天津，全省分 12 府、7 直隶州、3 厅，下辖 158 州县，其中位于今河北省内的有 124 县。南京政府成立以后，1928 年改称河北省，省会设于天津，1935 年省会迁保定。当时，河北辖 131 县，位于今河北省内者有 104 县和 1 个设治局。今属河北省辖区的部分区县当时划归外省，计有热河 6 县、察哈尔 11 县、河南 3 县、山东 2 县。中华人民共和国成立以后，仍沿袭河北省名称，行政区划重新调整，热河、察哈尔省大部归入河北省，部分县市划归北京、天津管辖。另将河南、山东与河北接壤部分县划归河北省，并重新调整县市设置。经过调整，河北形成 10 个专区，4 个地级市，下辖 132 个县，10 个县级镇。

1937 年七七事变后，国民党军队撤出河北，1940 年国民党河北省政府亦被迫撤离省境。与此同时，八路军深入华北敌后，收复失地，建立抗日根据地。1938 年，晋察冀边区政府在阜平县成立，辖 56 个县，在今河北省内的有 40 个县。后又成立晋冀鲁豫边区政府，辖冀南、太行、太岳、冀鲁豫 4 个行政公署、22 个专署、154 个县。1946 年，晋察冀边区政府设冀中、冀晋、冀察（热河省）、冀热辽（冀东）区及察哈尔省，辖 168 个县、9 个县佐、7 个市，在今省内的有 86 个县、6 个县佐及 6 个市；晋冀鲁豫边区设太行、冀南、太岳、冀鲁豫 4 个行政公署、22 个专署，辖 93 个县及 7 个市，在今省内的有 41 个县及 3 个市；山东渤海区亦辖今河北省内 6 个县。1948 年，晋察冀边区政府和晋冀鲁豫边区政府合并成立华北人民政府，统辖北岳、冀中、冀南、冀鲁豫、太岳 6 个行政公署、33 个专署、275 个县，在今省内的有 124 个县及 7 个市。1949 年 8 月 1 日，河北省人民政府在保定市成立，以原冀中、冀东行政区全部，冀南行政区大部，太行行政区一部及察哈尔省的平西、易水、建屏 3 个专区为河北省的行政区域，辖 10 个专区、4 个市、132 个县、10 个县级镇。

中华人民共和国成立初期，河北所辖范围与行政区划仍沿袭解放战争时期建制。1952 年，宛平县划归北京市，天津县划归天津市。同年冬，撤销察哈尔省，原察哈尔省所辖张北、沽源、康保、尚义、商都、万全、蔚县、阳原、赤城、龙关、宣化、怀安、怀来、涿鹿、延庆、崇礼 16 县划归河北省；原属山东省，后划归河北的恩县、武城、夏津、临清、馆陶 5 县和临清镇重新划归山东；从河北划入山东的盐山、庆云、宁津、吴桥、东光、南皮 6 县划回河北。1953 年，根据县级镇的发展情况，泊头、汉沽、邢台、通县 4 镇改建为市；胜芳、辛集、杨柳青、沧县 4 镇改为县辖镇，分别划归霸县、束鹿、静海和沧县，取消县级镇建制。1955 年，撤销热河省，该省所辖承德、围场、青龙、隆化、兴隆、丰宁、滦平、平泉 8 县划归河北。1956 年，昌平县划归北京。经过上述调整，河北省所辖县数达到 150 个，另有 2 个自治县。1958 年，顺义、延庆、平谷、通县、房山、良乡、密云、怀柔、大兴 9 县划归北京。同年，天津市划归河北省，河北省省会由保定迁往天津。1967 年，天津市成为直辖市，脱离河北省，河北省省会迁回保定。1968 年，河北省省会迁往石家庄。1973 年 8 月，蓟县、宝坻、武清、静海、宁河 5 县划归天津。

1965 年，山东、河北重新调整省界，商定以卫运河和四女寺减河为界，左岸归河北省，右岸归山东省。据此，山东的馆陶县划归河北省，河北的宁津、庆云两县划归山东省。卫运河、四女寺减河左岸划归河北省的其余部分，新设临西、海兴两县。

至 2019 年，河北省下辖石家庄、承德、张家口、保定、廊坊、沧州、唐山、秦皇岛、邢台、邯郸、衡水 11 个市，定州、辛集 2 个省直管市，另有雄安新区 1 个国家级新区。

第二节　河北的运河

运河是在古代陆路交通不发达，生产力水平较低的情况下，为运输或农业灌溉开挖的人工河道。中国运河挖掘历史最早可追溯到春秋时期。当时，吴国夫差为吞并北方诸国，开挖连通长江与淮河的人工河道，便于运输粮食与军队。此为中国第一条有影响的古运河"邗沟"。之后，统治者出于政治、经济之需要，开挖多条河道。其中，大规模工程有战国时期之鸿沟、秦代之灵渠、曹魏时期之利漕渠等。至隋代，炀帝杨坚对运河进行统筹规划，先后开凿通济渠（洛水—黄河）、山阳渎（山阳—扬子）、永济渠（长江—涿郡），沟通江、淮、黄、海四大水系，形成连通南北的运河水系，奠定了大运河的基本走向；又修筑江南运河，自京口(今镇江)绕太湖直达余杭(今杭州)，长 800 里，宽 10 余丈，成为南运河主渠道，之后几百年基本无大的变动。隋以后，唐、宋、元、明历朝均对运河进行了调整和疏浚。唐代疏通通济渠。宋代开通沙河(淮安—淮阴，30 公里)，以及扬州古河、洪泽渠、龟山运河、遇明河等。元代出于漕运需要，对运河进行全线疏凿，废永济渠，改行潞河水道，开凿会通河、通惠河等。自此，江南漕船循江南河、扬州河、济州河、会通河、御河及通惠河一路北上，直抵京城，贯穿南北的京杭大运河最终形成。明、清两代多次修整疏通运河，河道未再发生大的变化。经历代开凿修缮而成的大运河南起余杭，北到涿郡(今北京)，途经今浙江、江苏、山东、河北四省及天津、北京两市，沟通海河、黄河、淮河、长江、太湖、钱塘江六大水系，全长 1747 公里。在交通落后的古代社会，大运河成为沟通南北的主要运输通道，对于军事、政治及商业往来起到极其重要的作用，被元、明、清三代视为"军国命脉"。此外，大运河亦如跳动不竭的脉搏，对中华文化的交流、传承产生了巨大影响。按地理位置及俗称，我们通常将大运河分为八段，自北而南分别为通惠河、北运河、河北南运河、会通河、山东南运河、中运河、里运河、江南运河。

河北大运河地处华北平原，背靠燕山山脉，沟通海河与黄河两大水系。京杭大运河北起廊坊香河县与北京交汇处——杨洼闸，流经天津，基本依隋代永济渠向南行至邢台市临西县教场村，与鲁运河交汇；隋唐大运河一段则向西南进入邯郸。河北大运河流经邯郸、邢台、衡水、沧州、廊坊 5 市，途经馆陶、魏县、大名、临西、清河、故城、景县、阜城、吴桥、东光、泊头、南皮、沧县、青县、香河 15 个县市和沧州市区，总长 530 多公里。

第二章 河北运河的开凿与治理

第一节　河北运河沿革

一、早期河北运河

(一)汉代以前河北运河

中国很早就有开凿运河的历史。根据考古发掘，河北运河开凿最早可追溯至战国时期环绕燕国下都武阳(今易县东南)的易水运粮河。这是燕国为方便都城粮食运输而挖的。易水运粮河分为三支：一支长 4700 米，北引易水，南入中易水，将燕下都分为东西两城。河道的北段宽约 40 米，中段约 80 米，南段约 90 米；与此相通的还有两条伸向手工业作坊集中的东城区的运河，一条长 5700 米，宽 60～80 米；另一条长 4200 米，宽约 40 米。易水三条运河伸入城区，使燕下都南北有易水、东西有运河。沿易水南行，可经今容城县南而入曲逆县(今顺丰县)的濡水，濡水即今顺丰县西北的祁河及其下游的方顺河与石桥河，又名曲逆水。沿濡水东去，可入博水(今金线河)、滱水(今唐河)等，一直抵达渤海一带。从武阳逶迤北上，可入涞水(今拒马河)，行抵今涿州市与北京市房山一带。易水运粮河开凿的意义远远超过粮食运输这一点，人工河与天然河道纵横交错，形成发达的水路交通网络，大大便利了物资流通。运河沿岸成为手工业与商业聚集区域，各类物资与手工业产品通过水路运输，流通于城乡。易水运粮河促进了燕国的物资交流和经济发展，为其日后国力强盛、称雄列国奠定了基础。

西汉时期，河北又开凿了太白渠（又称大白渠）。太白渠是一条灌溉渠，意在引绵蔓水（今滹沱河）浇灌农田。渠首位于汉蒲吾县（治所在今河北平山县东南蒲吾村），下游至下曲阳（今晋州市西部）入斯洨水。另据《水经注》记载，太白渠在乐阳故城（今石家庄西北）东南乌子堰分为两支。主流向东，经今藁城南、栾城北、赵县北。在斯洨水水东蓄积成池，称阳縻渊。另一支经今晋州市南、辛集市南，也汇入阳縻渊，与主流交汇。渊水向东北延伸，在今衡水市西北流入古漳河。太白渠沟通了滹沱河与漳河水系，促进了农业发展，也便利了水运交通，东汉时可通航。东汉时期开凿了石臼河。该工程试图利用今唐县的石臼谷，引沙河及磁河水往南通注滹沱河，最终因山道险难未能实现。

（二）曹魏时期河北运河

河北省内与隋唐大运河联系密切的运河工程，始于曹魏时期开凿的人工运渠。东汉末年，群雄逐鹿中原。官渡之战以后，袁绍败回邺城（今河北临漳），不久病死。他的几个儿子盘踞在冀、幽、青、并一带，相互之间争权夺位。曹操力图全面清除袁绍势力，统一北方。为方便运输军队和物资，从公元204年到210年，曹操在今河北省内先后开凿数条沟渠。

白沟。据《三国志·魏志·武帝纪》记载，白沟是曹操为平定袁绍而最早开挖的河道，开凿于204年。白沟本是黄河故道，原名宿胥渎，经今河南淇县东南，折向东北。春秋后期，黄河河道北移，淇水遂南入黄河。在曹操开挖白沟渠之前，宿胥渎与淇水并未相通。曹操出于军事需要，在淇水入黄河口处修筑坊堰，"遏淇水入白沟以通粮道"。同时，在堰北开凿人工渠道，逼其北流入宿胥渎。此时开凿疏通的人工河道即白沟渠。白沟向东北方向流通，漕运可由此通洹水，再沿洹水直逼邺城。借此水利之便，曹操军队于204年农历八月攻破邺城，占领了幽、冀、青、并四州，成为中原霸主。

平虏渠与泉州渠。曹操北上征讨，袁绍长子袁谭被杀，次子袁熙与三子袁尚率残部逃往乌桓，以图再起。为彻底铲除袁氏残余势力，曹操决定继续北上，远征乌桓。为方便军事运输，曹操于 206 年开凿平虏、泉州二渠，与海运连通。据《三国志·魏志·武帝纪》记载，平虏渠是沟通呼池水（滹沱河）和泒水（今沙河）的人工运渠，走向相当于现在的南运河从青县到天津静海区独流镇的河段。平虏渠引滹沱水入泒水。因滹沱河本与漳河相通，故平虏渠开通以后，舟船可由邺城北的漳水出发，入滹沱水，再通过平虏渠进入泒水。开通此渠之目的是北征乌桓，平定北境，故名"平虏渠"。泒水为海河支流，故平虏渠最终与海河相连。平虏渠之后，曹操又开挖泉州渠，南起泉州（今武清县城上村）附近，流经今天津市区、七里海、黄庄北入鲍丘水（上游为今潮河，下游为今白河），连通海河与鲍丘水。

新河。平虏、泉州二渠开通后，曹军物资可由许昌或邺城经漳水、白沟、滹沱河、平虏渠、泒水、泉州渠，入鲍丘水，到达塞上，但仍不能直抵塞外前线。故此，曹操又开通新河运河。新河南接鲍丘水，北至碣石山附近与濡水（今滦河）相通，再经濡水进入渤海，经海运直达乌桓腹地。

平虏、泉州、新河三条人工运河的开挖，在河北北部平原上形成一条与渤海基本平行的漕运通道，既能以河运替代海运，减低海运风险；又能经濡水与海运相连，实现河海联运，形成畅通无阻的水上运输通道。新河开通后第二年，乌桓即为曹军攻破。袁尚继续向北逃至辽东，为辽东太守公孙康所杀，曹操至此实现了对北方地区的统一。

利漕渠、白马渠和鲁口渠。统一北方以后，曹操受封魏公，将治所由许昌迁至邺城。为便利邺城交通，加强与周边区域的联系，曹操于建安十八年（213 年），在白沟与漳水之间开挖一条新运渠。这条运渠起自今河北曲周，南引漳水，东到今馆陶，向西注入白沟，舟船从白沟驶过运渠便可直接浮抵邺城。运渠因便利漕运而得名"利漕渠"。同时，曹操还在河北平原中部开凿了白马渠和鲁口渠。白马渠接通了滹沱河与漳水；鲁口渠位于白马渠以北，使滹沱河与泒水相接。利漕渠、白马渠、鲁口渠这三条运河使邺城通往太行山以东地区的水程进一步缩短。来自邺地的船只，可由白沟进入利漕渠，北上穿过白马渠或鲁口渠，再循泒水，或抵幽州，或抵今天津附近。实际上，这成为白沟、平虏渠、泉州渠以西的又一条南北水运线。基于此，河北地区以邺为中心的水上运输线（见图 2.1），已是"平原千里，运漕四通"，为邺城一带的经济发展创造了十分有利的条件，也使其战略地位变得更加重要。

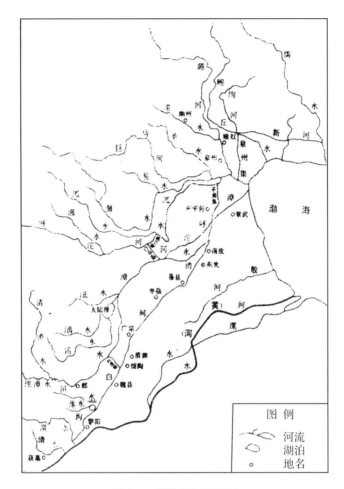

图 2.1　曹魏运河示意图

资料来源：王树才：《河北省航运史》，11 页，北京，人民交通出版社，1988.

　　曹魏之后，北方陷入列国纷争的十六国时期。北方少数民族政权不谙水运，加之战乱频仍，在运河开挖与整治方面无所作为。其间，大量水利工程遭到严重破坏，平虏渠几乎被荡平。

二、隋唐时期河北运河

　　隋代之所以进行大运河的南北疏通，除去隋炀帝本人追求享乐、好大喜功等性格因素以外，另有政治经济方面的深层原因。从政治方面看，隋统一以后，结束长期割据局面，重新形成统一的国家。为实现对全国的有效统治，朝廷急需长久规划，其中重要一项，即疏通全国交通。从经济方面看，自汉以来，北方饱经战乱，经济遭受严重破坏。相比之下，南方相对稳定，北方大量人口移居南方，促进了南方经济的发展，经济重心逐渐南移。至魏晋南北朝时期，江淮与太湖地区已有"天下粮仓"的美誉。为更好进行南粮北运，加强政治中心与富庶地区的联系，沟通南北水道工作就显得非常迫切。此外，从客观基础看，东汉以后，开挖河道疏通交通已成为各地惯用手法。至南北朝时期，运河沿线已出现许多水利工程和区域性运河，为南北大动河的开挖奠定了基础。隋炀帝迁都以后，即开始南北大运河的统一疏浚与修建。隋朝大运河开凿工程以东都洛阳为中心，分为两大支线。北线自洛阳向北，经永济渠直达涿郡；南线自洛阳向东南，直抵余杭。隋大运河形成北起涿郡、南抵余杭，由永济渠、通济渠、山阳渎、江南河组成的沟通南北的运河水系，成为南北交通大动脉。

　　隋运河河北段主要为永济渠。隋开永济渠动机有二：一为攻打辽东，运输军事物资；二为沟通经济。早在北魏时期，得益于曹魏时期形成的便利的水运网络，河北地区就已经成为重要经济区。608—610年，隋炀帝征集百万民工在平虏渠旧渠道的基础上修建永济渠。据《隋书·炀帝纪》记载："大业四年（608年）春，正月乙巳诏发河北诸郡，男女百余万开永济渠，引沁水南达于河，北通涿郡。"永济渠南接黄河，北达涿郡，长约1000公里。可惜的是，相关文献对永济渠工程的开凿计划、行经路线都记述得非常简略，语焉不详。根据黄永璋《永济渠考》，永济渠经河南武陟、汲县、黎阳（今浚县）、临河（今濮阳县西六十里）、内黄，向北入河北，流经魏（今大名县西十里）、贵乡（今大名县东）、馆陶、永济（今临清市南）、清河、清阳（今清河县东）、武城（今武陟县西十里）、漳南（今恩县西北六十里）入山东历亭（今恩县西四十里）、长河（今德县），之后又向东进入河北吴桥、东光、南皮、清池（今沧县东南四十里）、范桥镇（今青县南三十里）、乾宁军（今青县）、文安、信安、永清、固安，进入蓟城（今北京）等。永济渠主要利用自然河道加深改造而成，具体工程分段如下：河南武陟至汲县段，利用沁水、清水（卫河）开凿而成；自汲县至馆陶段基本利用曹操遏淇水入黄河故道的白沟疏浚而成；馆陶至沧州段部分利用汉代屯氏河和西汉大河故渎连接而成；沧州以下至涿郡段部分利用漳水独流口另辟新道，折向西北经信安、永清与漯水连接，直达涿郡。

唐代的永济渠仍然是连通河北与京师、通达北部边防的主要水道，河道走向与隋代基本相同，只是上游已与沁水分开，主要引清、淇二水，由淇水便可入黄河，经洛水能达洛阳，沿渭水可到长安。河北段流经区域依次为今河北大名、馆陶、临西、清河、山东德州、东光等。唐代地方政府另以永济渠为主干线，兴建多条漕运支线，与渤海相通，在河北平原形成人工河道、天然河道与海上航线交错的水运网络。据《旧唐书》记载，唐中宗神龙三年（707 年），"沧州刺史姜师度于蓟州之地，涨水为沟，以备奚、契丹之寇；又约旧渠，傍海穿漕，号为平虏渠，以避海难运粮"。开元二十一年（733 年），瀛州（今河北任丘、大城一带）刺史开凿长丰渠，开元二十五年（737 年）又自束城、平舒引滹沱河入永济渠，实现滹沱河与永济渠通航。沧州一带先后开挖无棣河、阳通河，使得永济渠与渤海相连。此外，贝州开凿张甲河；赵州开凿沣水渠；魏州将永济渠引流至州城西，并在此处建筑仓储，储存南方沿运河而来的货物。开元二十八年（740 年），幽州刺史"分卢龙、石城二县，置马城，通水运"。

诸多运河支线与天然河道纵横交错，形成四通八达的水运交通网络。在当时的通运条件下，若乘船自荣口，入黄河，趋东北行便到永济渠南口，溯清水北上过新乡、卫州（今河南汲县），便可东汇淇水。李白诗《魏郡别苏明府因北游》曰："淇水流碧玉，舟车日奔冲。"浮淇水再北行就是有名的黎阳仓，南北漕粮多于此屯储，亦是漕船集中之地。过黎阳西行折北，经内黄可沿洹水西去到邺县，浮永济渠下行趋东可至贵乡和魏州，也可转逆入漳水通达洺州（今河北永年附近）、邢州（今河北邢台）等地。过魏州北上，经临清即到清河。清河是贝州治所，也是河北一大仓储之地。自清河再行往武城、安陵、东光，便到长芦盐场（在今河北沧州）。由此东去可入海，北去可抵今天津地区。由天津往西可入巨马水（今拒马河），直通归义（今河北容城）；往西北可入桑干河，到达永济渠终点幽州；往东可穿平虏渠而抵辽西地区。

为保漕运畅通，唐代非常重视对永济渠的维护，多次加固堤坝，疏通河道。据《新唐书·地理志》记载，唐代河北地区在沧州一带的水利工程最多。沧州一带地势低洼，为防止河水泛溢和海潮倒灌而兴建的堤防工程有 10 余道。例如，唐高宗永徽二年（651 年），在沧州清池西北 27 公里，修筑永济渠防护堤两道；永徽三年(652年)，在沧州以西23公里，筑明沟河堤两道；在沧州以西25公里，又筑李彪淀东堤和徒骇河两堤；显庆元年(656年)，在沧州以西20公里，筑衡漳堤两道；唐玄宗开元十年(722年)，在沧州西北30公里筑衡漳东堤；开元十六年(728年)，在沧州以南7公里筑浮河堤、阳通河堤，又往南15公里筑永济渠北堤。

除了修筑和加固永济渠及临近渠堤外，还有一些增强疏导和泄洪功能的工程。例如，武则天久视元年(700年)，在德州平昌一带，疏凿马颊河，称"新河"。新河上接黄河，东行入海，是一条分泄黄河下游洪水的减河，以减轻黄河对永济渠，特别是对沧州一带的压力。唐玄宗开元十六年(728年)，在沧州西南28公里开挖无棣河，东南7公里开挖阳通河。阳通河上接永济渠，下入毛河通海，可疏导永济渠洪水。唐宣宗大中十三年(859年)，山东北部大水，运河涨溢，水流经永济渠流入毛河，向东注入大海，沧州因此避免了洪水灾害。无棣河也是连接永济渠与渤海的减河。永济渠东侧还有靳河、浮河等，这些减河对确保永济渠的安全和扩大以永济渠为主干的水上交往，发挥了重要作用。

通过以上对永济渠部分整修治理工程的记述可以得知，唐代的永济渠比隋时更加完善，航道更加稳定和通畅。据《元和郡县图志》记载，唐代永济渠的南段，水面拓宽达56.7米，水深8米。终唐之世，全国各地设有官驿1639所，其中备有船只的水驿为260所。这些水陆通道即使在藩镇割据的唐代后期，仍保持着畅通状态，为商业发展提供了交通保障。

三、宋元时期河北运河

唐末，北方地区陷入割据状态，导致北方运河缺乏统一规划。永济渠淤塞严重，北端不能通涿郡，南端也不再与黄河连接，渠水主要源自卫州共城县的百门泉水，其遗留河道至宋代称御河。因水路断绝，加之河北租税量少，可运往京城的税粮有限，故御河运输任务不再通往京师，而是供应北方边境军队。

宋朝重新实现统一，定都开封，河北中北部为边境地带，军事地位尤为重要。宋朝为防御北方游牧民族，利用河北运河与其他河流、洼淀，构筑了一条水上防线，是为"方田"战略。这条防线西起保州(今河北保定一带)沉远泊，东至沧州泥沽海口，蜿蜒900里。"其后益增广之。凡并边诸河，若溏沱、胡卢、永济等河，皆汇于塘"①，称为界河或塘水，并设铺戍守，置兵士3000余人，每日乘船在河面上往来巡逻。

北宋时期，御河河道与唐代大体相同，即由卫州（今河南淇县东之卫贤镇）起，东北经内黄县、洹水、馆陶、永济，过将陵（今山东德州）而北至清池30里，经乾宁军（今河北青县），入北与潮河（约今海河）合并入海，并由此溯易水、拒马、滹沱诸河道，可通至河北沿边州军，是北宋时期为"蓟燕漕运计"的一条重要运路。因御河有重要的运输地位，宋代长期对御河进行疏浚维护。宋太宗太平兴国六年（981年），派遣使臣视察北方河道，对凡能抵达宋、辽边境的河渠予以疏通。例如，在清苑界开凿徐河、鸡拒河，长约50里，流入白河，以确保三关（指淤口关，在今霸州东；益津关，在今霸州；瓦桥关，在今雄县）以南的漕运。另利用河北天然河道，开辟其他航道，与运河相通，形成纵横交错的水运网。宋初曾开凿深州新砦镇至常山（今河北正定）以南的新河，长约200里，引葫芦河水，"以通漕运"。宋真宗咸平年间，自静戎军（后改安肃军，今河北徐水）东开渠，引鲍河水入顺安军（今河北漕河），再往西入至威虏军（后改广信军），并在渠旁安置水陆营田，"以达粮漕，隔辽骑"。宋真宗景德元年（1004年）先开定州河通漕，后自嘉山引唐河水至定州，又继续向东开渠62里，引水至蒲阴（今安国），再入沙河，向东经边吴泊与界河相通。宋神宗熙宁年间，整修漳河、滹沱河，开辟卫州运路。又如，宋仁宗庆历八年（1048年）黄河决堤，横穿御河，造成御河淤淀、决溢，宋廷征调兵夫疏浚整治。宋神宗熙宁二年（1069年）征用兵夫规模达6万人，对运河进行大规模疏浚。熙宁年间，御河一度中止航运。绍圣三年（1096年）御河恢复航运，不久即遭水枯之患，于是引水济运，但旋即被黄河冲毁。类似工程在北宋时期接连反复，不曾断绝。至宋金对峙，御河处于金统治区域。金未做大型治理，但亦从大兴西北引玉泉山泉水入御河，保证其水源，这也为元代开凿通惠河奠定了基础。

元代定都大都，远离南方经济中心。由南至北物资运输需求大增，但运河河道年久失修，多处淤塞。元代初期，南方运河能够通航的只有江南运河、淮

---

① （宋）杨仲良：《皇宋通鉴长编纪事本末》，817页，哈尔滨，黑龙江人民出版社，2006。

南运河，北方淤塞更为严重，御河除少部分河段以外，几乎全部废弛。《元史》记载："清州之南，景州以北，颓阙岸口三十余处，淤塞河流十五里。"且运河不能直达大都，南方货物北运需从黄河水陆转运，极不方便。出于经济、政治需要，元代对运河进行重新规划（见图2.2），措施包括缩减河道，沟通南北漕运，大兴运河工程等。元廷采纳郭守敬建议，废永济渠，改行潞河水道，开凿会通河、通惠河、济州河等河道，又对北运河进行裁弯取直。经过系统规划，杭州到大都的运河水道终于全线贯通，通达南北的京杭大运河最终形成。

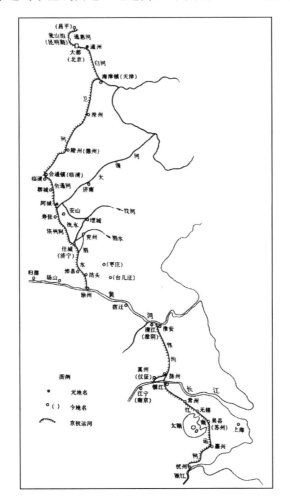

图 2.2　元代京杭运河示意图

资料来源：姚汉源：《京杭运河史》，121 页，北京，中国水利水电出版社，1997。

元代河北段的运河工程主要是北南运河的疏通与治理。通惠河穿过大都城，南下经大兴、宛平、通州等地进入北运河。北运河又称白河，因上游有潮、白二河会合，故又称潮白河。元代称广济河，或者将从大都至直沽段运河通称为通惠河。北运河向东南经通州进入香河，向南经武清、静海，至直沽与南运河相接。北运河邻近京城，所有进京客货船只均需经过此段，其漕运地位之重要自不待言，故元廷非常重视北南运河的维护与整治。河北段主要针对漷州段运河进行疏浚加固。例如，大德年间，白河上游水量过大，威胁下游，朝廷加强运河堤堰维护，加宽河道；英宗年间，朝廷曾调动军队，疏浚漷州河道（今河北漷县镇）；文宗天历二年（1329 年），朝廷又一次疏浚漷州运河。

南运河穿海津镇后改入河间路，经清州（今青县）、静海往南进入沧州及下辖之南皮，之后继续沿河间路南下，经今东光、吴桥往南出河北而入山东，在临清与会通河相接。由于多年淤塞，且不断加堤固河，南运河至元代已变成高出地面的地上河。运河两岸农民或以运河水灌溉，掘堤引井，或偷运堤土，造成安全隐患。此外，南运河同时面临缺水与洪水两方面的威胁：春旱时水源缺乏，雨期又易堤岸溃决，均无法通航。针对上述情况，元廷一方面要引漳河、滏阳河、洹河水灌溉农田，保持运河水位，另一方面要加固堤坝，同时加强对沿岸农户的管理，禁止私自挖堤浇田，另多次征调夫役疏通下游泄水口。

四、明清时期河北运河

元末战乱，运河河道多年失修。至明初立，许多河段不能通航，或者漕运能力衰退。为实现运河全线畅通，明代加宽加深了多处河段。明代重新疏通后的大运河称漕河，自北向南依次称白漕（白河）、卫漕（卫河）、闸漕（会通河）、河漕、湖漕、江漕、浙漕。河北段主要为南运河，以及北运河香河河段，分别称卫漕与白漕。通惠河北端经战乱，至明代基本废弛，后虽经修复，但因水源仅可供应昆明湖水，不再远引昌平诸泉；又因城内故道已被围入宫墙之内，漕船一般仅达京城东南大通桥，故称大通河。大通河往南，利用白河水进行漕运，故称白漕，白漕又称北运河。天津往南河段主要利用卫河水进行漕运，又称卫漕。卫河自天津南至山东临清约 1000 里，主要处于河北。

明初定都南京，以南京为漕运中心。北方地区运河的主要功能为运输军事物资。明成祖迁都北京以后，运河漕运地位上升，明廷开始对通惠河展开系统治理，重点是对北京城附近区域运粮河道进行疏通。北运河的香河河段在正统五年（1440年）和嘉靖十二年（1533年）有过修筑决堤的记载。因南运河地势较高，河道又过于曲折，洪水期经常决堤，明清均对南运河的治理颇为重视，分段设置官兵，对河道进行经常性维护。明代曾于南运河沧州以南开凿砖河，青县以南开凿兴济减河等泄洪工程。乾隆元年（1736年）起，清廷对南运河大堤危险河段进行统一加固，或修建月堤，向堤背低洼处放淤。这样既可清除河道淤泥，使淤泥堆积于堤背，又可加固大堤。

明清河北运河工程主要集中于对卫河的治理。卫河源出河南北部辉县西北苏门山百门泉，在山东临清与会通河汇合，向东北经德州进入河北，又经沧州在青县南面与滹沱河交汇。卫河上游气候干旱，水源不足，河道时常干涸。宋元时期曾引漳河水济运。明初，漳河由临漳经成安、魏县、元城、馆陶通卫河。卫河引入漳河水后，水量渐足，但随之也增加了决堤隐患。有明一朝，为泄洪需要，卫河与漳河时合时分，对卫河的整治成为南运河修整的主要工程。例如，洪武三十一年（1398年），漳河与卫河发生洪水灾害，大名府受灾。永乐九年（1411年），漳河北岩决堤，流入滏阳河，形成河道淤塞，至永乐二十二年（1424年）堙塞。宣德十年（1435年），修堵漳河，疏通卫河水道以济运河。正统四年（1439年），修筑青县卫河堤岸。正统十三年（1448年），在漳河置闸，引漳入卫。万历二年（1574年），漳河北溢入滏阳河，卫河馆陶段断流。天顺中期，漳河又徙入卫河。类似小规模河道治理随洪水灾害的发生时常进行。

明代对卫河的整治除修建堤岸、疏浚河道以外，另多次开凿减水河，以缓解洪水压力。永乐初，南粮北运曾借用卫河水道，但之后卫河连年因洪水过大，发生决堤，工部遂出大力于临清南魏家湾开凿两条减水河连通土河（马颊河），又在德州城西北开通减水河连通旧黄河道。弘治二年（1489年），又曾对黄河和运河进行过一次较大规模治理，于沧州城南捷地镇以及兴济县（今河北沧州北兴济镇）等地开凿捷地减水河和兴济减水河。捷地减水河又称南减河，兴济减水河又称北减河。北减河向东北流入沧州东北，经乾符城（沧州东北80里）南向东、向南流入南减河入海。但这两条减河工程质量低下，泄洪效果不理想，反而经常决堤，淹没农田，后逐渐堵塞。据文献记载，嘉靖十年（1531 年），巡按御史詹宽曾建议修复捷地、兴济两处水闸，可知这两处减水河道本就建有水闸，只是后来废弃。嘉靖十四年（1535 年），水部郎中杨旦先后修复捷地、兴济、景州泊头镇等处减水闸。减水河的开凿在调节卫河水量、保障卫河河道和漕运安全方面发挥了积极作用。直到万历元年（1573 年），漳水北面决堤，入滏阳河，不再入卫，卫河洪水时节水量减少，减水河才失去作用，逐渐湮塞。此外，为了减少水患，滨海地区还疏浚了一些旧有河渠，如浮河、靳河、土河、商河、徒骇河等。

清朝康熙年间，为避开黄河航运风险，辅开中河。中河开通以后，漕运经黄河不过数里，基本避开了黄河河道，京杭大运河河道至此方最后确定。清代京杭大运河分段为直隶运河、山东运河、中运河、里运河与江南运河。其中流经河北的为直隶运河段。直隶运河为北京至德州段，由大通河、白河与卫河组成。流经今香河者为白河，又称北运河。大通河自通州入白河，经今香河向东南入武清，然后向北流至天津西南三岔口与卫河连通；向南进入今吴桥。卫河自德州往南段称山东运河，但自德州北桑园镇至临清段仍属卫河。卫河自河南辉县向北汇入漳河与淇河，自临漳向北分为两支，一支向北流经大名，在武邑县流入滹沱河；另一支向东流经大名，向东北出临清与会通河交汇，自武城县流入故城县，又向东北进入山东德州，再经德州进入直隶，向东北方向吴桥、东光、交河东七里口，继而向东北经泊头镇进入南皮，从南皮再向东北经沧州、青县入天津静海。

白河曾于明嘉靖年间被阻断，改道向北流入密云，以运输官饷。至明万历三十一年（1603 年）重新挑开，康熙十九年（1680 年）进一步疏浚。白河经常决口，清朝多次筑堤加固。康熙三十三年（1694 年），香河段修筑堤坝 700 余丈，其中官修 416 丈，民修 319 丈。雍正曾于河西务上流建青龙湾减水坝，开引河。乾隆二年（1737 年），青龙湾减水坝被移到王家务。

清朝顺治九年（1652 年），漳河于今山东邱县分为新漳河、老漳河两支。新漳河流向西北至冀州汇入滹沱河；老漳河则向东北至青县鲍家嘴入运河。康熙四十七年（1708 年），漳河分邱县段淤塞，全部改道卫河，造成卫河泛滥。为治理卫河决堤，雍正十一年（1733 年），于哨马营建滚水石坝，并在德州城西南运之上挑开引河，引卫河水入南运河，以泄卫河洪水。乾隆五年（1740

年），为泄洪水，在吴桥开凿宣惠河，向东北至沧州西南接王莽河，又下接石碑河。宣惠河曾成为南运河下洪入海干流，后洪水过猛，又改由盐山县燕子洼，经刘公渠，向东经海丰境内老黄河入海。之后，清直隶运河无大工程，主要是对河道的维护疏浚。道光七年（1827 年）闰五月，对直隶运河河道进行疏浚，建草坝，逼抬水位并备驳船驳运。道光八年（1828 年）二月，疏浚四女寺支河。道光十三年（1833 年），疏浚四女寺支河并修理坝座。道光二十三年（1843 年），东光县赵家堤、故城县郑家口决口，进行补修，堵塞决口。道光二十四年（1844 年），疏浚四女寺支河并修坝座，培修青、沧、南皮、交河、吴桥等县堤工，同时浚沧州捷地减河，裁弯取直。道光二十九年（1849 年）六月，修四女寺支河坝工。咸丰四年（1854 年）六月，为阻止太平军北上，清军挖开直隶运河吴桥、三里浅及四女寺引河堤坝，造成河道决堤。

五、近代以来河北运河

19 世纪中期，清政府内忧外患，风雨飘摇，无暇顾及运河治理，运河淤堵，漕运功能衰退，加之航运技术提高，自咸丰三年（1853 年）以后，清政府税饷逐渐改为海运。南运河自海运兴起，河道失于维护，水旱灾害不断。汛期河水泛滥，少雨季节又易形成旱灾，商民交受其害。民国以后，政局不稳，财政竭蹶，运河河道疏于管理，通航状况每况愈下，仅做过一些清理淤泥方面的维护。例如，1918 年，改建南运河马厂减河口滚水坝为减水闸。1919 年，改建北运河新开河口滚水坝及减水闸。当时南运河因有漳、卫二河注入，水量较为充足，虽有淤积，河道变浅，仍可通行千石以下民船。后因得不到有效治理，南运河通航状况快速恶化，不能通航的范围越来越大，至 20 世纪二三十年代，"南运河下游已成小沟，稍旱即已见底。北运河亦见退化"①。有鉴于此，政府决定对南运河进行疏浚修治。此计划 20 世纪 20 年代即已提出，1932 年成立河北省疏浚南运河下游委员会，拟拨款百万元进行疏浚。因财政困难，计划一再后拖，工程规模也不断压缩，即便如此，省政府仍觉"财政奇绌，筹此巨款，实属非易"。直到 1936 年 4 月，经商会一再提议，才又

---

① 徐吉大：《四十年来之华北水利（为国立北洋工学院四十周年纪念作）》，载《华北水利月刊》，第 8 卷，第 11～12 期，1935。

成立了由冀察政务委员会、河北省政府、天津特别市政府、长芦盐运使公署等12方组成的河北省南运河下游疏浚委员会，所需30万元款项，拟定由河北省政府和长芦盐运使公署分担。因河北省财政资金紧张，所需经费实际由长芦盐运使公署从河工捐项下拨给。疏浚工程从5月18日开工，至6月24日草草完工。南运河下游得到初步疏浚，勉强可通航。这也是国民政府时期对南运河的唯一一次系统维护。

全面抗日战争时期，运河作为华北水运重要通道，落入日军之手。抗战进入相持阶段后，日本改变侵华策略，以进攻为主转为巩固占领区的统治，试图建立所谓"大东亚新秩序""大东亚共荣圈"。为实现对华北内河水运的全面控制，日本制定《华北内河水运五年计划》。1941—1944年，华北交通株式会社多次添置挖泥船，对南运河、北运河以及其他运河河道进行疏浚治理。尤其是对处于南北水运大动脉地位的南运河，常年进行疏浚，改造碍航桥梁，修建节制闸。另将沁水导入运河，增加南运河水量。经过整修，南运河通航状况有较大改善，可通行100马力拖轮及载重100吨的木船。①

平津战役期间，为便利军事物资运输，支持平津解放，经晋察冀边区政府批准，裕通公司从1947年10月到1948年9月，历时一年，完成了冀中运河的开凿工程。冀中运河南起子牙河的献县臧桥寓坦村，沿冯家河旧道向北，过商林，到今河间市的南八里铺与古洋河故道相接，后曲折北上，经徐家山、半截河至大李庄进入任丘，经麻家坞、吴好庄向西北，过陵城至张庄万寿桥，穿过五官淀，北行接小河，最后于文安苟各庄汇入赵王河，全长96公里。同时，在东八里庄向西开挖了3公里的引河，到达冀中行政公署所在地河间市。冀中运河沟通了子牙河同大清河、白洋淀之间的水运联系，成为与子牙河并驾齐驱的一条运输河道。冀中地区的支前物资，可以通过运河北上入大清河，直接供应天津前线。

中华人民共和国成立初期，河北省内运河因长期战争破坏，已难堪大用。抗战时期，通航能力最强的南运河，出于战争需要，曾于青县马厂减河附近修筑拦河大坝。解放战争期间，国民党军队为封锁交通，曾于南运河下游修筑两座大坝，并埋置大量地雷。此外，南运河无人管理，沿岸居民为个人利

---

① 王树才：《河北省航运史》，200页，北京，人民交通出版社，1988。

益，修建多处碍航桥，搭设过河电线等，均影响航运。为恢复与发展运河航运，1949—1952 年，河北对运河进行系统排查和修治。相关部门拆除障碍建筑与设施，包括拦水坝等，清理浅滩与各类废弃物。1950 年，航运部门与船民组织了清河委员会，短时间内即清理南运河下游各类垃圾杂物 5300 立方米。[①] 1952 年后，技术管理人员对运河河道进行勘测，修建船闸等。20 世纪五六十年代先后修建杨柳青、四女寺、独流、北陈屯、安陵、祝官屯的船闸，形成了全线渠化通航 100 吨级船舶的航道，在海河流域内成为航运干线。随后因上游修建水库，沿河农业灌溉用水量大，该航道水量减少，航运衰退，至 1967 年全线断航。政府亦长期坚持河道疏浚与河堤加固。1949 年 5 月，渤海行署组织南皮、德县、吴桥、东光等县 1.5 万人，对南运河堤防进行修整，修堤 55.6 公里，完成土方 46.4 万立方米，除险 81 处，长 9.898 公里。渤海一分区治河委员会也组织沧县及黄骅民工对捷地减河进行了疏浚。1951 年，南皮组织劳力 4000 人，整修堤防 7.58 公里，完成土方 3.2 万立方米。1952—1954 年，沧县专署每年动员沿运河各县，维修南运河堤防，修险 16 处，长 4.2 公里；修堤 194 公里，完成土方 382 万立方米。1955 年，为分泄南运河洪水，相关部门对四女寺减河按泄洪 55 立方米/秒标准进行了疏浚。1956 年，加固堤防，开挖河槽，使泄洪能力达到 400 立方米/秒。1957 年冬至 1958 年春，加强治理四女寺减河，沧县专区的吴桥、故城、献县、肃宁、武强、宁津、景县、东光、河间、阜城、南皮、交河、盐山、庆云等 14 个县和石家庄专区一些县参加了施工。施工段长 206 公里，全部工程土方 4121 万立方米，建木桥 30 座。1963 年，发生特大洪水以后，河北省对南运河堤防险工进行了全面修复。工程标准是：堤顶宽 6 米，内坡 1∶2.5，外坡 1∶3；险工段左堤顶宽 8 米、右堤顶宽 9 米，外坡 1∶4。沧州专区吴桥、东光、南皮、交河、沧县、沧州市、青县共动员 3 万人，对各县（市）所属堤段进行修复加固。全段共修复堤防 35 处，总长 114.8 公里，险工 81 处，总长 1.1886 公里；倒虹吸一处，完成土方 103.4 万立方米、石方 36282 立方米。沧县、黄骅两县组织民工对捷地减河进行复堤维修，维修标准按 1963 年最高洪水位超高 1 米、顶宽 4 米。复堤段长 84 公里，修险 13 处，长 1.02 公里，建桥梁闸涵 4

---

①　王树才《北省航运史》，258 页，北京，人民交通出版社，1988。

座。1965 年,沧县、黄骅两县组织民工 1.7 万人对捷地减河进行加固,复堤总长 122.9 公里。1967 年,捷地减河下口改道,自下三铺至小关沟进行疏浚,小关沟至高尘头筑堤,完成土方 39.4 万立方米,开辟了捷地减河新的入海尾闾。

为彻底解决南运河行洪不畅的问题,1971 年开始,有关部门在四女寺减河原有河道基础上开挖漳卫新河。据漳卫新河的开挖标准,洪水设计流量 3500 立方米,四女寺泄洪闸闸上水位 25.27 米。另循老河左侧的钩盘河(原哨马营减河)开辟岔河,于大王铺汇入主河道,主河承泄洪水 1500 立方米/秒、沥水 400 立方米/秒;岔河承泄洪水 2000 立方米/秒、沥水 780 立方米/秒(包括区间沥水 180 立方米/秒)。此项工程于 1973 年完工。这次漳卫新河开挖工程,全部挖方量 9176 万立方米,筑堤碾轧土方量 5322 万立方米,浇筑混凝土 15.75 万立方米,砌石 18.95 万立方米,用水泥 6.62 万吨、钢材 9556 吨、木材 15843 立方米。[1] 新河建拦河蓄水闸 6 座,总蓄水能力可达 1 亿立方米。结合两岸排涝,新河改建和新建了一部分排灌两用涵闸,总设计引水能力达 486 立方米/秒,可灌农田 33.33 万公顷。1972 年,又对捷地减河进行扩建,疏浚河道,加高培厚堤防,扩建新建高尘头挡潮闸,在南运河上新建捷地枢纽(北陈屯节制闸和船闸)及沿河桥涵工程。其中,捷地减河按 180 立方米/秒泄量进行扩建疏浚,全长 83.43 公里。新建捷地枢纽总投资 217 万元。

1983—1984 年,国家投资对南运河进行整修。主要工程如下:河道清淤,由捷地至九宣闸段,以河道中心为基准,随弯就弯,清淤土方除满足复堤和填筑河埝外,剩余部分弃于堤外筑成平台;单堤险工加筑;堤防整修,等等。沧州市、泊头市区段采用预制混凝土板护坡。重建南运河沿岸的吴桥县第六屯、东光县连镇、南皮县肖圈、交河县杨圈、沧县仁和村,以及青县的周官屯、吴辛庄、县农场等引水闸涵,新建了南皮县冯家口,沧县东花园、肖家楼,青县南环、北环和二十里屯等公路桥。这次全面整修增强了南运河的抗洪能力,改变了两岸闸涵的引水条件和桥少、交通不便的状况。

1985 年,南运河沿岸各县(市)进行重点工程维护,共完成整修堤防 286

---

① 《沧州市志》编纂委员会:《沧州市志(第一卷)》,652 页,北京,方志出版社,2006。

公里，完成土方 75.41 万立方米。单堤加戗 120 处，长 32.2 公里，完成土方 50.07 万立方米。对兴济镇北至青县静海交界处清淤，长 37.65 公里。对沧州市区护岸段清淤，共清除土方 158.4 万立方米。险工护坡，共维修险工 82 处，长 12229 米，完成石方 7.04 万立方米。城镇护岸，沧州市护坡段长 3.799 公里，泊头市护岸段长 1.62 公里，桑园镇护岸段长 0.24 公里，共长 5.659 公里，用混凝土 9739 立方米、石方 13126 立方米、土方 24.28 万立方米。①

第二节　河北运河漕运的兴衰

中国古代漕运制度为大一统封建国家之产物。因疆域辽阔，统治者需要输送物资与军队以维系统治秩序。在陆路运输不发达的古代社会，水运自然成为不二之选。从这个意义上讲，漕运实系古代社会政治经济命脉。

一、曹魏至宋金时期的河北运河漕运

宋金以前，除去曹魏与十六国时期邺城为都城的短暂历史以外，河北大部分时间地处边关，为军事要塞，漕运多基于军事需要。

曹操在河北开凿运河的直接目的，即剿灭袁绍势力，平定北方。白沟、平虏渠、泉州渠等运河河道，在曹军的军事物资与军队运输中起到关键作用。统一北方之后，曹操留居邺城，待曹丕称帝迁都洛阳，仍以邺为北都。曹魏都邺以后，为便利交通，先后在河北平原开凿利漕渠、鲁口渠与白马渠。这些人工运河与滹沱河、漳河连通，形成"运通千里，运漕四通"的水上运输网，促进了邺地经济发展，使其成为北方经济中心。因其发达的经济与便利的水运条件，十六国时期，后赵、冉魏、前燕、东魏、北齐等多个政权在邺建都。十六国时期，各国均利用运河漕运之便，运输军事及经济物资。《魏书·食货志》记载："运漕之利，今古攸同，舟车息耗，实相殊绝。"各政权建都邺城期间，都曾进行大规模营建，木材、粮食和其他物资的运输，大多依靠运河漕

---

① 《沧州市志》编纂委员会：《沧州市志（第一卷）》，653 页，北京，方志出版社，2006。

运。例如，东魏建都邺城以后，皇帝高欢向邺城迁移 40 万军民以及大批粮食，甚至拆掉洛阳宫殿，将拆下的建筑材料北运，以营建邺南城，运输方式即运河漕运。十六国时期的军事运输也继续依赖运河漕运。后赵曾多次举兵远征，军队运送主要依赖运河运至海岸，再转为海上运输。例如，咸康六年（340 年），后赵从司州、冀州、青州、徐州、幽州、并州、雍州征调 50 万人，粮 100 万斛，经由运河河道及天然河道转运至乐亭。

隋炀帝开通永济渠，主要是为发动辽东战争做准备。其对敌作战期间，军队及粮草、军械等均通过永济渠北运至涿郡。隋朝大运河开通以后，形成以洛阳为中心的漕运网。河北与江南的粮食及其他物资经由运河运至京城。为方便中途储存与转运，隋代在运河沿岸重要地点修筑大量粮仓与转运仓，形成遍布运河的仓储体系。仓储体系建立不久隋即灭亡，隋炀帝的大兴土木为唐代漕运的兴盛奠定了基础。

唐代前期的永济渠漕运仍以供应军需为主要功能。幽州、平州地区一直是边防要地，驻有重兵，所用军需物资大都需要通过永济渠，从中原和南方运来。据《资治通鉴》记载，唐玄宗时在北部设置范阳与平卢节度使。范阳节度使治所位于幽州（今北京），统兵 9 万余人；平卢节度使治所位于营州（今辽宁朝阳），统兵 37000 余人，主要防御东北方向的奚和契丹，每年需从南方运送大量物资。为了保证军需供应，开元年间，朝廷在魏州城西永济渠西侧修筑仓储，"以贮江、淮之货"。此外，还在清河郡建军资库，利用永济渠从江、淮、河南等地征调大量布、帛、钱、粮，"以赡北军，谓之天下北库"。武则天时期，突厥可汗默啜累犯边境，武后遣将讨伐，"甲兵皆贮清河库"。玄宗末年，清河郡仍存有"布三百余万匹，帛八十余万匹，钱三十余万缗，粮三十余万斛"，反映了永济渠军事漕运的兴盛。

除军粮北运之外，永济渠还承担税粮南运之重任。唐初社会安定，农业发展迅速。当时的邢州、赵州、镇州（今河北正定）、定州、贝州（今河北清河）、冀州、瀛州（今河北河间）、沧州、相州、邺郡等地，都是重要的产粮区，亦为重要的税粮征收地。河北官粮部分沿永济渠直接运往北部边防重地，大部分向南运往东都洛阳。当时，洛阳含嘉仓是最大的粮仓，最多储粮 580 多万石，占朝廷储粮总数之半。含嘉仓储粮主要来自 9 个州，其中 4 个州在今河北地区，即冀（州治信都，今河北衡水冀州区）、邢（州治龙冈，今河北邢台)、沧(州治清池,今河北沧县东南)、魏(州治贵乡,今河北大名东北)。当时,洛阳"沟通江汉之漕,控引河淇之运"。河淇之运即指通过永济渠、黄河向洛阳进行输运。据《新唐书》卷五十三记载,开元二十一年(733 年),唐玄宗听从京北尹裴耀卿建议,在河阴县置河阴仓,在河清县置柏崖仓,在三门东置集津仓,在三门西置三门仓。"益漕晋、绛、魏、濮、邢、贝、济、博之租输诸仓,转而入渭。凡三岁,漕七百万石。"其中魏、邢、贝三州在河北。

海盐与各地土特产亦经运河南运洛阳。河北物产丰富,自曹魏形成平原河运网以后,经济发展迅速。至唐代,河北的农业与手工业均有一定程度的发展,各类特产与手工业品通过运河漕运,作为贡品源源不断被运送至东都洛阳,如魏郡的紫草,邺郡的隔布、凤翻席、花口瓢、知母、胡粉,清河郡的毡,巨鹿的瓷器,沧州柳箱、苇簟、糖蟹,幽州的角弓、人参,冀州、赵州的绢等。

北宋时期,北方边境线上辽、西夏、金等相继崛起,对边防造成很大威胁。宋的军力大部分耗费在边防军事活动中。"今日之势,国依兵而立,兵以食为命,食以漕运为本。"[1]漕运支撑着北方军事防御体系,为军队驻地提供了源源不断的军需物资。北宋出于防范辽朝侵扰的需要,在河北地区屯驻十多万军队,每年消耗大量军粮。"三军之事莫重于食矣。必士有含哺鼓腹之乐,而后有折冲御侮之勇,而不然者,不战自溃矣。"[2]故宋廷一直把筹备军粮当作急务。河北、山东一带经济逐渐衰退,缴纳贡赋有限,主要供应北部边境,不再向京城运粮。所以运河漕运主要由南向北供应边防军队。"河北、河东、陕西三路租税薄,不足以供兵费,屯田、营田岁入无几。"[3]军粮中有相当部分需要从内地或江淮地区调运。以御河为主干线的水运系统便成为河北边防漕运的生命线,军事作用进一步加强。"御河源出卫州共城县百门泉,自通利、乾宁入界河,达于海。"[4]北宋时期的"御河"为隋唐时期永济渠的南段,流经今内黄、大名、馆陶、临西、清河、武城、德州、吴桥、东光、沧州、青县等地,北段因宋辽对峙,自今青县入塘泊、界河,在北部的独流口

---

①　朱偰:《中国运河史料选辑》,45 页,北京,中华书局,1962。

②　崔统华:《草庐经略注译》,86 页,北京,解放军出版社,1992。

③　(元)脱脱等:《宋史》,4256 页,北京,中华书局,1977。

④　(元)脱脱等:《宋史》,2353 页,北京,中华书局,1977。

处东流入海。御河南段河流在北宋河北段的流程基本与隋唐时期一致。"其势壮猛,至卫州以下,可胜三四百斛之舟,四时行运,未尝阻滞。"①澶渊之盟以后,宋辽合议,宋大量裁撤边防驻军,河北运河漕运逐渐衰退。

宋为金所灭以后,黄河以北地区受金统治。金定都燕京,改名中都。为满足京师物资需求,金重视发展漕运,开辟运道,修建粮仓,河北运河漕运重新趋于活跃。金代河北通漕河道有:旧黄河故道行经滑州、大名、恩州、景州、沧州、会川等地;漳河东北通御河,可通苏门、获嘉、新乡、卫州、浚州、黎阳、卫县、彰德、磁州、洺州;由衡水经深州与滹沱河连通,可达献州、清州等地。上述几条运道最后均于信安汇集,上溯至通州,再转运至京城。因货物运输量大,金廷在运河沿岸城市修筑仓库,以方便存储。位于河北的仓库建地有景州属将陵、东光;清州属兴济、会川;沧州属清池、南皮;深州属武强等。金代河北漕运货物主要为各地向京师缴纳的粮食。有记载的运粮较多年份如下。金世宗大定四年(1164年)八月,山东农业丰收,朝廷下诏,从山东征集大批粮食,经运河漕运入京,充实国库。大定二十一年(1181年),京师粮食储备不足,朝廷下诏命运河沿岸恩、献等6州运粟百万石至通州,再由陆路转运京师。金章宗承安五年(1200年),边河仓所属州县,通过漕运向朝廷输纳菽20万石,麦10万石。除粮漕外,此时北方产盐业亦比较发达,产自山东、沧州的盐经御河运至大名府以及河南诸地。

二、元明至清中期的河北运河漕运

元明清三代均定都北京,各省税粮与其他物资需集运于此。河北运河为各地漕粮进京必经之路,漕运进入鼎盛时期。

元代定都大都,对南粮北运需求骤然增加。但因长期战乱,运河多年未经有效治理,河道淤阻严重,漕运能力下降。元在对运河河道进行清淤整治的同时,采取水陆转运,继而河海联运的办法,解决南粮北运问题。刚刚攻下临安之时,元便采取水陆转运法,将江浙一带漕粮先以陆路运至扬州,再沿运河北上入淮,在淮安入黄河,逆河而上至中滦,再改由陆路运至淇门,然后由淇门入御河,漕运至通州,在通州又转为陆路运达大都。水陆转运几

---

① (元)脱脱等:《宋史》,2355页,北京,中华书局,1977。

次，费时费力。至元十年(1273年)以后，元又采用河海联运办法，但海运易遇风浪，以内河船只航行海面，风险太大，不久废止。后元重修通惠河、会通河，裁弯取直，使京杭大运河全线通航，江南及运河沿线的粮食与各类物资可通过运河直达大都。元初，平定江南之前，每年运河漕运粮食规模在几十万石。京杭大运河全线通航之后，漕运规模成倍增长。据元世祖至元二十二年(1285年)统计，当时每年由江浙地区漕运的粮食约100万石，由胶、莱地区漕运的粮食有60万石，由济州漕运的粮食亦有30万石，总计约200万石，占元代粮食运输的95％。其中，大部分均为从各地运往大都，而通惠河为必经河段，漕运迅速繁盛。初开通时，会通河河道狭窄，深度不够，载重较小，影响到漕运规模，仍主要依靠海运。至明清时期，朝廷加宽加深运河河道，进行改造，其漕运潜力得以发挥，河北运河段亦进入全盛时期。明初定都南京以后，为扫除其他农民义军以及元军残部，军队及其他物资源源不断地由南方运至北方，水路为主要运输方式。因元军盘踞在大都周边，河北沿海地区成为重要转饷之地，内河航运主要依靠运河。洪武元年(1368年)，明将徐达北伐，明太祖命浙江、江西等南方九府征调300万石粮食集中运至汴梁，再由汴梁经卫河、通惠河北运。另征集军粮集中置于济宁，由济宁装船经会通河转入通惠河，运到通州。

明代南粮北运最初延续元代做法，以海运为主，后逐渐转为海、河兼运。辽东实行屯田后，加之海事频发，遂于永乐十三年(1415年)宣布罢海运，大规模的南粮北调便全部依赖于大运河。为保障南粮北运，明对大运河进行系统整治，漕运发展至鼎盛时期。明代史学家陈邦瞻引丘濬语，说京杭大运河，"元人始创为之，非有所因也。元人为之而未大成，用之而未得其大利。至国朝益修理而扩大之。前元所运，岁仅数十万，而今日极盛之数，则逾四百万焉，盖十倍之多矣……若夫元之为此河，河成而不尽以通漕，盖天假元人之力以为我朝用"①。永乐十四年(1416年)，明成祖开始修造北京宫殿，所用物料均经运河，由水路运至北京。北京城的营建需要上百万工匠，且成为都城之后，居民大增。人口的膨胀使粮食需求急剧增加，需要从南方及各地运粮入京，河北运河漕运达到新高峰。据统计，永乐十五年(1417年)，运至北京

---

① (明)陈邦瞻：《元史纪事本末》，91页，北京，中华书局，1979。

的粮食达 508 万石以上，永乐十六年(1418 年)为 464 万余石。沧州民谣"运河水，万里长，千船万船运皇粮"描绘了当年沧州漕运波澜壮阔的繁忙场景。永乐十九年(1421 年)，明正式迁都北京。京城远离经济富庶的江浙地区，内河漕运再次成为维持王朝统治的命脉。仁宗、宣宗年间，漕粮运量为 500 万至600 万石，远超元代规模。土木堡之变以后，边关形势紧张，军需骤增。天顺年间，供应北部边防的漕船达 11775 艘，运粮军官 12.1 万人。成化七年(1471 年)，规定"河淮以南，以四百万供京师，河淮以北，以八百万供边境"①。如此，每年由运河运至北京或边境的粮食达 1200 万石。其他如南方之丝、茶、糖、竹等物产亦通过运河源源不断运至北京。河北段的卫漕作为入京必经通道，接纳四方物资，异常繁忙。有明一代，常年活跃在大运河上的运粮军丁超过 12 万人。明代诗人瞿佑作《沧州城》："但见运河绕郭流滔滔。高桅大柁长短篙，自南向北连千艘。漕夫叫噪挽卒劳，朔风刮面穿重袍。我倚船窗望远皋，手掬清波照鬓毛。朗诵招魂歌楚骚，忧心为汝徒切切。"该诗描述了沧州运河段漕船千艘、首尾相接、浩浩荡荡的壮观景象。

明正统至弘治年间，黄河数次决口，洪水北流，冲毁张秋一带运河，严重影响运河漕运。明虽多次采取各种措施，遏黄保运，引黄济运，但均未成功，运河漕运能力下降。嘉靖十一年(1532 年)以后，三十多年间，运河漕运仅运粮 200 余万石，之后逐渐恢复海河并运。明末，朝政腐败，财政匮乏，加上两税法后改以银两征税，经运河漕运官粮愈益减少。万历十三年(1585 年)，经运河运抵北京的官粮仅 138 万石。随着漕运的衰落，对运河的管理亦日渐松弛，河北运河漕运转入萧条。

总体观之，明朝统治时期，漕运路线虽几经调整，但就运输量而言，主要仍依靠内河运输，而且内河漕运的规模和持续时间都超过前代。据《明史》记载，就运输方式而言，明代"初支运，次兑运，支运相参，至支运悉变为长运而制定"，也有过几次变更。所谓支运，即各地漕粮由民运就近交仓，再由官军沿运河分节接运至通州。这种方式实行不久即改为民运，由民船直接运漕。宣德六年(1431 年)，改由各地农民将粮运至附近官府，兑给卫所官军，

---

① （清）张廷玉等：《简体字本二十六史·明史》，3770 页，长春，吉林人民出版社，1995。

再由官军运往京师，此为兑运。成化七年(1471年)以后，全部改由官军运输，即为长运，并成定制。实行长运后，各省漕船不再中转而直接运到京师，顿使河北地区运河漕船数量大增，是为河北地区水上运输最兴旺时期。

经明末战乱，清初提倡休养生息之策。《清圣祖实录》卷一五四记载："以三藩及河务、漕运为三大事，夙夜廑念，曾书而悬之宫中柱上。"对清廷而言，疏通运河，改善漕运，是对江南进行有效控制，巩固自身统治地位的关键一环。故此，康熙在位期间，一方面兴修水利，发展农业生产；另一方面从治理黄河入手，排除运河隐患，为恢复漕运做准备。为避开黄河河道，清廷于江苏省开挖中运河，使漕船行经黄河路程由90公里缩减为几公里，最大程度避免了黄河对漕运的影响。清定都北京伊始，即确定江苏、浙江、安徽、江西、湖南、湖北、河南、山东8省向京师转运漕粮。除灾荒或意外情况发生，全部以实物缴纳。8省每年缴纳漕粮总计约400万石。[1] 各省漕粮全部经大运河运至北京或通州，直隶运河成为最繁忙的河段。清中叶前期，各省漕船约计10450艘。除去漕船以外，另有官船、民船、商船往来穿梭于运河河道，常年航行于运河的各类船只上万艘，其盛况可以想见。每年经由沧州一带运河的各省漕粮船只可达9000余艘，清廷振兴漕运的政策促进了运河漕运的重新兴旺。除去官府与军队400万石的漕粮以外，清廷另外加征部分"白粮"，即上等好米，供应宫廷和京师官员，漕运规模超过明代。

为节省财政开支，清代漕运结合农业屯田制一并推行，以"屯田济运"，也称"漕运屯田"。官府规定运河沿岸各卫兼营屯田，按漕船额数分配田地亩数，以屯田所得作为卫所官员津贴。屯田多少及耕种方式各省不一。顺治十三年(1656年)，通、津二所每丁拨地50亩，主要分布在保定、沧州、青县、南皮等沿河地带。据康熙时期统计，全国漕船共6051艘，按每船10～12人计，再加上众多的漕运官吏、临时夫役等，总共多达10万余人。漕运屯田大大减轻了财政负担。随着清代社会经济的恢复与发展，大运河的南北漕运重新兴旺起来。与明代相似，各地漕粮均先运至河北，再行分配，其中大部分运到中仓(京仓)和通州仓，剩余部分则通过其他河流分拨各边防驻军。漕船每年分春秋两次运输。春运以冰消启航，雨季停船；秋运从八月开始，冬封

---

① 李治亭：《中国漕运史》，276页，北京，文津出版社，1997。

歇停。康熙后期，河北地区运河多有浅阻，南来漕船难以通行。为此朝廷曾建造 1500 艘小驳船，后增加到 2500 艘，以便换驳接运。这些小驳船中沿河的青县、沧州、南皮、东光、吴桥等 18 个州县负责，每船雇船户一名，再由船户自行雇觅四五名舵工、水手。

清朝非常重视对漕运的管理，以维持其正常运营。清代的河北地区，虽然未像前代那样屡受黄河侵袭，但漳河、滹沱河及永定河亦频发祸患，对漕运河道形成威胁。清政府"横溃岁告，亦几与治黄同无善策"①。在漕运、防洪、灌溉的种种矛盾中，清廷将保漕运输放至首位。由于南运河流域地势低平，对运河的治理工程主要是加固加高堤埝，以防洪水泛溢决口，影响通漕。然而，由于河床不断淤积，堤防不得不越筑越高。诚如魏源所言："强之就高，愈防愈溃，是为无策。"②这给河北地区埋下了严重的水害隐患。除去洪水灾害以外，运河水量不足同样影响运河漕运，所以清代对运河既要防水，又要防旱。清廷对运河缺水同样没有良策，只能舍农保漕。顺治五年（1648年），官府规定，每年四月以后，即将卫河闸板封贮，各渠口全部用竹筐装石堵塞，不准农灌引水，并在淤浅之处，每年建筑草坝束水浮舟。康熙时期，曾把限制农业用水的规定改为"官三民一"，即漕运与灌溉用水按 3：1 进行分配。到乾隆时期，全面禁止农田灌溉，全力保运。清代因运河商运发达，官漕规模扩大，甚至形成官漕与民漕的冲突。因南运河水浅，南省漕船航行缓慢，时常误期，官府就直接雇用民船，接运南漕。另清廷在拨运期间，甚至禁止商船通运，以全力保官漕运输。

为保漕运畅通，清代南运河运道三年一小修，五年一大修。凡遇小修、大修之年，均由粮道督修，该管各府亦分行督率，沿河各县会同河员共同协办。对于易致浅阻的地方，设置浅铺浅夫，随时刨挖疏浚。浅铺由"老人"负责，每铺雇 10 名浅夫和百余人至几百人不等的修堤夫。其中，青县设浅铺 6 个，兴济县（今河北青县与沧县交壤一带）设浅铺 7 个，沧州设浅铺 7 个，交河县设浅铺 5 个，南皮县设浅铺 5 个，吴桥县设浅铺 10 个，景州（今河北景

---

① （清）魏源：《魏源全集》第 12 册，357 页，长沙，岳麓书社，2004。
② （清）魏源：《魏源全集》第 12 册，357 页，长沙，岳麓书社，2004。

县)设浅铺 4 个,故城县设浅铺 3 个。① 康熙十六年(1677 年),朝廷对南运河进一步加强勘护,"沿河按里设兵看守",并严命地方随时疏通河道,堵塞决口,如有延误,严加惩处。

北运河是通往京都的咽喉要道,漕运地位更为关键,更受关注。故其运道由坐粮厅直接负责管理。北运河流沙通塞无定,难于疏治,从雍正时期就派人昼夜沿河巡查,雇募附近长夫逐日探量水势,淤浅之处插有"柳标"示航,并随时刨挖。每年枯水季节,还集中人力清除河道中的各种碍航物。针对杨村至通州之间淤浅甚多,经常发生边挖边淤的情况,乾隆三年(1738 年),在原设"岱船"(用于运泥的船)的同时,增设"刮板"40 副。每副刮板配浅夫 25 人。重运漕船行至浅涩地段,即由浅夫分列两岸用刮板拖拉河床,借助水流冲刷淤沙,保证运船无滞。清廷为保运河漕运付出了巨大的人力财力,但即便如此,仍未使运河状况得到根本的改善,漕船进入北运河有时不得不采取"起六存四"等减载行驶的措施。乾隆五十三年(1788 年),河北地区春旱少雨,各河水势低弱,漕运总督毓奇惊呼:"今因卫河浅阻,起空过浅颇费周章。若南粮吃水较重,挽入卫河更必胶滞难行。"于是,"飞饬沿河地方官,赶紧多备拨船"。

据《钦定户部漕运全书》记载,由于运道经常因水深不足而影响浮舟济运,清廷逐渐加强了对漕船建造与载重量的限制措施。对于漕船载米,顺治时规定每船为 500 石,康熙六年(1667 年)改为 400 石,康熙二十一年(1682 年)规定,漕船吃水不得超过 6 捲,空船不得超过 4 捲。各省建造的漕船形态各异,大小不同。康熙六年(1667 年),统一规定了漕船额式:长度为 7 丈 1 尺,后改为以 10 丈为度。对漕船建造的各项技术指标也都做了具体的要求,并颁发《浅船额式》《工料则例》《三修则例》《留通变卖》等,各省划一。新式漕船建造完工后,要将主官及工匠姓名、建造年月刻凿于船尾,由各漕运衙门验烙。漕船的使用期限为 10 年,每年出运一船发给修船费银 7 两 5 钱,三年小修、五年大修加银 3 两。

---

① 《沧州市志》编纂委员会:《沧州市志(第一卷)》,563 页,北京,方志出版社,2006。

三、清末至民国的河北运河漕运

清代经康乾盛世，至嘉庆年间已现衰象。之后，吏治腐败，社会矛盾激化，社会动荡。具体到运河漕运，因朝廷财政日渐亏空，无力对黄河及运河进行常规性治理与维护，运河河道淤塞，决堤时有发生。漕运大受影响，运船受滞的情况日益严重，漕船运行中在沿途临时雇用的纤工不断增多，漕运的各项支费日益加重。据《畿辅通志》记载，雍正时，南漕"大抵一石至京，糜（消耗）十石之价不止"。因此，有人主张"国家宏远之图，莫如兼资海运"。咸丰以后，漕运逐渐停止，清廷对运河的管理与维护也逐渐荒废。道光四年（1824 年），淮河高堰段决口，运河因之阻塞，漕运中断。因无力修治运河，自明代以后中断 200 多年的海运之议重被提起，以海运取代漕运，以商运代官运的提议逐渐占据上风。道光六年（1826 年）首开海运，规定四府一州（苏州府、松江府、镇江府、常州府、太仓州）粮饷改由海运至京，其他实行河运。江苏有"天下粮仓"之称，其四府一州粮饷几乎占到漕粮的一半。这意味着自此时起，供应京师的八省粮饷中，海、河运输各占半数。

至 19 世纪中期，河北段运河几乎完全淤塞，漕运全线中断。太平天国时期，江南地区为太平军阻隔，大运河南北无法通行。清廷大米本来大部分依靠南方各省供应，漕运中断使得北京米源几乎断绝。至咸丰三年（1853 年）十月末，北京大米断绝三月有余，居民食粮均改为小麦或其他杂粮，京师出现粮食危机。在这种情况下，清廷被迫进一步调整运粮政策，规定除江苏四府一州外，浙江全省漕粮亦全部改为海运。这使得运河漕运运量减少 2/3，漕运进一步衰退。光绪二十六年（1900 年），八国联军占领北京，清政府逃离京城。漕运总局迁至清江浦，转运局移至汉口，北运河漕运改为火车运输。至此，运河漕运全线结束。光绪二十八年（1902 年），清政府宣布废除各省漕运屯田，裁撤漕运管理机构与官员，延续 1000 多年的运河漕运制度终成历史。

四、1949 年之后的河北运河航运与管理

中华人民共和国成立以后，建立计划经济体制，对运河航运实行计划管理。起初，南运河管理机构延续新民主主义经济机制，仍为华北内河航运管理局，但内部机构设置多次调整，变化很大。1950 年 2 月，明确由华北内河

航运管理局管理卫运河水系的跨省运输。1950 年 4 月，华北内河航运管理局改属中央交通部直接领导，主要的管辖单位有德州办事处（由南运河河务局代理）、沧州办事处、临清办事处、天津办事处和华北内河船运公司。1951 年 10 月，为减少管理层次，华北内河航运管理局与华北内河船运公司实行合并办公。改组之后的华北内河船运公司主要负责国营船舶运输。后又逐渐建造一些木船，并陆续接收了一批各地粮食公司、花纱布公司及货栈等单位经营的木船。随着船舶运力的增加和管理工作的加强，运河货物运输量亦不断提高。1953 年，华北内河航运管理局与河北的航运机构合并，成立卫运河系河北省内河航运管理局，隶属河北省交通厅，统一管理河北、山东、河南三省省内卫运河水系，实现了对卫运河水系的跨省管理。在统一管理之下，1953—1956 年，运河河运能力迅速增强。到 1956 年，内河货运量比 1953 年提高 19.24%，其中河北省占比 69%，成为水运主力河段。[1]

1957 年，三省为建立各自独立完整的工业体系，遂经中央交通部批准，决定分管卫运河水上运输。分建后运河管理以省界为准，天津至桑园 281 公里段由河北省管理，桑园以上至翟村铺 325 公里段由山东省管理，翟村铺至新乡 252 公里段由河南省管理。分管后，各省对航运机构都进行了相应调整。1957 年 8 月 24 日，河北省水运机构改称河北省交通厅航运局。同时，为适应管理体制改变后的新情况，三省商议建立三省航运联席会议制度，平衡跨省运输计划，协调船舶、港口、运价及规章管理。三省航运联席会议制度实行了 12 年。1968 年以后，因卫运河水量日渐减少，难以维持正常的运输生产，三省联运中断。

三省联运期间，河北、河南、山东形成以卫运河为中心，集航运、公路、铁路、港口和物资部门为一体的水陆联运体系。其中，水运体系以卫运河为中心，从天津至德州水道与津浦铁路平行，是津浦铁路的重要辅助运输线；从德州至新乡水道又是冀、鲁、豫三省的重要联系通道。卫运河水陆联运的主要港站有天津、杨柳青、沧州、泊头、桑园、德州、临清、油坊、南馆陶、新乡等。物资集散比较集中的天津、沧县、桑园等地还成立了联合运输协作机构。

---

① 王树才：《河北省航运史》，292 页，北京，人民交通出版社，1988。

　　沧县为河北省东南部的水陆交通枢纽，附近各县物资多以此为集散地，水路、铁路、公路交通比较发达。在组织联合运输中，沧县与临近的黄骅、盐山、交河、河间共同建立协作委员会，委员会下设协作办公室。办公室由各县代表、航运、铁路、公路驻沧办事处人员，以及搬运公司、粮食局、建设局、水利局、工业局、发电厂、钢铁厂、人民银行等单位组成，并分设铁路组、航运组、公路运输组、财务组、统计组、秘书组、调度组、业务组等组室，分管有关业务。协作办公室要求各协作单位做到货源统一、计划统一、调度统一、制度统一、结算统一，消灭迂回运输、多角运输和相向运输。沧县的这一运输协作机构组织健全，制度完善，显著提高了工作效率和运输效能。桑园位于河北与山东两省交界处，是河北省卫运河上最南端的港口。河北省的上航船舶多在此补充燃料和物资，办理手续。清河县与故城县的物资（主要是煤）也都在此转运。

　　参加一条龙运输协作的机木船舶，改变了以往不定时的运行方式，根据船舶状况和航道水位变化等因素，制订了三种不同的运行方案，使港、商、调、管和长运、短途、中转每个环节都紧密衔接，运输秩序大为改善。第一种运行方案适用于卫运河的常水期。卫运河上游的人民胜利渠与共产主义渠泄水总量在 60～100 立方米/秒时，南运河水深则在 1.6 米左右，其流速对航行影响不大，一般上水航行时速可达 4～4.5 公里，下水航行时速可达 8～8.5 公里①，拖轮可以拖带较多的木船。位于德州以上的四女寺船闸，常水期每天可开启一次。1960 年 3 月，天津至德州航线投入了三个拖船队进行运输，每个拖船队载重 5900 吨。正常情况下，拖轮每 6 天可往返一个航次，木船则需要 10 天。第二种运行方案是依据深水位制订的。人民胜利渠与共产主义渠泄水总量大于 100 立方米/秒时，吃水在 0.8～1.6 米的 11 艘拖轮可在南运河全线航行，并可延长到临清以上。因水流较急，对航船影响颇大，上水航行时速为 3～4 公里，下水航行时速可达 8～9 公里②。四女寺船闸每天可开启两次，为长途航运输提供了有利条件。1960 年 4 月，黄河桃汛为卫运河提供了充沛的水源，遂改用第二方案组织运输，取得了良好的效果。第三种运行方

①　王树才：《河北省航运使》，298 页，北京，人民交通出版社，1988。
②　王树才：《河北省航运使》，300 页，北京，人民交通出版社，1988。

案主要依据枯水期的航道条件制订。当人民胜利渠与共产主义渠泄水总量小于 60 立方米/秒时，唐官屯附近河道水深只有 1 米多，四女寺船闸只能一天或数天开启一次。此种情况下，上水航行时速为 5～5.5 公里，下水航行时速为 6～7 公里。①

1965 年以后，因气候多干旱，加之多地兴修水库、农田灌溉等因素，河北运河及其他河流水位下降甚至干涸。南运河水运衰退更是快于其他天然河道，1967 年和 1968 年连续两年基本断航。据航道技术人员对南运河进行的实地测量，今天津静海区九宣闸以下维持通航 1.5 米的水位，需要每秒 18 立方米水流量，而 1971—1977 年的平均流量大于每秒 18 立方米的仅有 18 天，且时间很不集中，难以安排通航运输。虽经多方面努力，于 1973 和 1976 年在吴桥和沧州分别建成安陵和北陈屯枢纽，并建百吨级船闸，但终因水源奇缺而收效不大。河北运河航运进入全面衰退时期。

第三节　河北运河商运与民运的变迁

毋庸置疑，古代大运河对统治集团政治地位的稳固，对全国经济控制的实现起着不可替代的作用。除官漕以外，运河的开通客观上为民间货物运输与商业贸易的发展提供了极大便利。运河码头除去官船与官府人员、物资的聚集以外，亦成为商贾云集之地。粮食与各类土特产品、手工业品以及其他各类货物，往来穿梭于运河航道，使其成为沟通城乡以及各区域经济的水上命脉。

一、运河与海盐运销

沧州、瀛州一带临近渤海，自古为北方重要产盐区。运河的开通方便了海盐的外销，对盐的产业化生产起到决定作用。唐代在幽州设置官营盐屯，由政府组织盐业生产，年产量在 7200 石以上。② 沧州所属清池、盐山也都盛产海盐，永济渠的开通为盐业发展提供了便利的运输条件。沧州刺史薛大鼎

---

① 王树才：《河北省航运使》，300 页，北京，人民交通出版社，1988。

② 孙继民：《河北经济史（第一卷）》，455 页，北京，人民出版社，2003。

开通无棣河，连接永济渠与渤海，沧州盐路可通过海河联运，销往南北各方。发达的水路交通与盐业贸易也吸引四方商船云集沧州。《旧唐书·食货志》载："新河得通舟楫利，直达沧海鱼盐至。昔日徒行今骋驷，美哉薛公德滂被。"唐代许多诗人留下了描写沧州一带商贾往来、舟楫兴旺的诗句，如刘长卿描述无棣河"晚来潮正满，数处落帆还"。

沧州在元代成为全国重要盐业生产地之一。元设置河间路，沧州属河间路管辖，所谓"河间之盐"多指沧州盐。元代对盐进行严格管理，实行"盐户"制度，全国盐户5万～6万户，而河间最高时达5700余户，约占全国十分之一。元天历年间，全国盐产量256.4万引，每引400斤，计102560万斤；同期，河间盐年产量在40万引，合计16000万斤，约占全国六分之一。① 因河间盐业地位重要，元成宗大德七年（1303年），将大都盐运司并入河间都盐运司。合并之后，河间都盐运司管辖22个盐场，即利国、利民、海丰、阜民、阜财、益民、润国、海阜、海盈、海润、严镇、富国、兴国、厚财、丰财、三叉沽、芦台、越支、石碑、济民、惠民，富民，均处河北沿海地区。元代对盐的买卖实行严格管制，对买卖数量、买地与卖地均有严格规定。商人需要持盐引到指定盐场取盐，然后到指定地区贩卖。河间盐主要在中书省销售，大都盐运司并入河间都盐运司以后，大都及周边用盐也多由河间供应。河间盐主要通过运河外运。因运量大，运河需保持较高水位，曾一度与农业发生冲突。元世祖至元元年（1264年），运河沿岸农民引漳、滏、洹水灌溉农田，导致御河水位下降，盐运受阻，朝廷"塞分渠以复水势"。为保证盐运需要，朝廷不惜堵塞支流，限制农业用水。

明代运河盐业贸易更趋活跃。明朝初期曾在河北地区置北平、河间盐运司，后改称河间长芦都转运盐使司，辖沧州、青州两个分司，并在元代22个盐场的基础上，增置归化和深州的海盐二场，共辖24场。长芦即今沧州。洪武年间，"长芦岁办大引盐六万三千一百余引，弘治时改办小引十八万八百有奇"②。河间长芦盐沿蓟运河、白河、卫河、桑干河、滹沱河等可通往北直隶所辖的顺天府、永平府、保定府、真定府、河间府、顺德府、广平府、大名

---

① 孙继民：《河北经济史（第一卷）》，197页，北京，人民出版社，2003。
② （清）夏燮：《明通鉴》，949页，北京，中华书局，1959。

府、延庆州、保安州等大部分地区。沿运河、漳河、滏阳河等行盐则可通达彰德府、卫辉府等地。盐商卖完盐，返程时又可从当地收购粮米，漕运输边。

清代允许商人贩盐，直接促进了直隶运河商盐运输的繁荣。《新修长芦盐法志》记载，清代的南运河、北运河、大清河、子牙河及其支流，无不为商盐水路运输所经。北运河的河西务、杨村、张家湾、白龙港，蓟运河的新安镇，南运河及卫运河的泊头、龙王庙、白水潭、安陵、连镇、馆陶、油坊等，都是商盐运输中的重要中转码头。大批海盐经码头中转或换乘小船，行支流运往腹地，或分装马车转为陆路，分销到直隶、河南 178 个州县，约供 2000 万人食用。

二、其他商运与民运

河北境内自曹魏时起，即形成天然河道与人工河道交错分布的水上运输网。运河因其便利的水运条件，成为商贾往来的理想通道，即所谓"舟车既通，商贾往来，百货杂集"。宋为加强北境边防，方便军事漕粮运输，在定州、唐县一带开挖多条人工渠道，大多与运河相通。宋代运河治理虽主要为巩固边防，但客观上方便了贸易往来，促进了商业的进一步发展，粮食、盐及各类丝织业贸易达到前所未有的水平。所谓"浮阳际海，多鬻盐之利""茧丝、织之所出""衣被天下"，都形容了河北运河沿岸盐业与丝织业贸易的繁盛。

元代除官粮漕运以外，京城居民所需粮食亦主要由商船经水路北运。无论海运抑或河运，均需经河北运河河段集散，河北运河成为商船运输的转运之地。《元史·河渠志》载："漕运粮储及南来诸物商贾舟楫，皆由直沽达通惠河。"商船与漕船大量汇集，使河北运河沿岸商贸空前繁荣。《长安客话》载："两岸旅店丛集，居积百货，为京东第一集。"元代的统计资料显示，整个大都地区及中书省腹里各路的商业税收额，每年为 113000 多锭，而大运河沿岸各路及中书省直辖州的税收多达 6 万余锭，超过了江西行省全年的商税额，占中书省总税收的半数以上。① 其中，河间路、大名路、济宁路三处每年商税额均在 10000 锭以上，占中书省总商税额的四分之一。我们由此可知运河商

---

① 陈璧显：《中国大运河史》，377 页，北京，中华书局，2002。

业的繁盛程度。① 因运河运输能力有限，元后期逐渐改为河海联运。海漕疏通以后，河北运河运输以商运及民运为主，主要运输物品为食盐、茶叶、土产、手工业品及海外贡物。《元朝名臣事略》记载："江淮、湖广、四川、海外诸番土贡粮运、商旅贸迁，毕达京师。"由海上或内河汇集到北部运河的商船络绎不绝。部分大商船运力可达三四百料或五百料（料为宋代衡量单位，一料即一石，为宋制 92.5 斤，约合今 55 公斤），"以至阻滞官民舟楫"。对此，元廷不得不对大船进行必要的限制："大都、江南权势红头花船，一体不许来往"，"若欲于通惠河、会通河行运者，止许一百五十料"②。

至明代，随着漕运的兴盛，运河沿岸大名、沧州商业更加发达。尤其自白银货币化以后，商业贸易在商品规模和长途贩运等方面均大大超过前代。明代政治中心在北方，经济发达区域在南方，故商品流通以南北为主。明代中期以后，农业、手工业较前大有发展，商品生产比重增加。嘉靖年间鼓励漕运，允许漕船自带二成货物贩卖，推动了南北物资的交流与长途商贸的繁荣。明代李鼎记载："燕赵秦晋齐梁江淮之货，日夜商贩而南；蛮海闽广豫章南楚瓯越新安之货，日夜商贩而北。"南北商贩主要依靠运河运输货物。北京自然成为贸易中心。弘治时期，北京已是全国商品聚集中心城市。《梦窗诗话》说："生齿日繁，物货益满"；"四方之货，不产于燕而毕集于燕"。位于直隶的北南运河，因邻近京畿，成为四方货物集结之地。除外地商船穿梭往来之外，北京居民所需粮食及其他生活用品，大多由直隶各州县贸易供应，运输方式亦主要为运河水运。据《河间府志》记载，河间行货之商，"其有售粟于京师者，青县、沧州、故城、兴济、东光、景州、献县等处，皆漕挽。河间、肃宁、阜城、任邱等处，皆陆运，间亦舟达之"。可见，朝廷所规定的漕粮数额是为了"国用"，广大居民的粮食还须直隶各州县售运。这促进了运河商漕的发展。

除去南方货物向北方尤其京师聚集以外，河北商人亦借运河之便，向南方长途贩运各类商品，获取巨额利润。"冀北巨商，挟资千亿"，"泛舸长江，风餐水宿，达于苏常"。除民间商人以外，明代宗室、宦官普遍从事贩运贸

---

① 陈璧显：《中国大运河史》，377 页，北京，中华书局，2002。

② 通州区地方志编纂委员会：《通县志》，828 页，北京，北京出版社，2003。

易。他们还凭借权势开店经商，绝大部分货物都经由长江与京杭大运河运抵北京。此类舟船横行水上，联巨舸，张黄旗，擂大鼓，篙工棹师势如翼虎。特别是盐运，已成为宗室、宦官的专利。"携盐数百艘，抑卖于民。"这也是明代河北商漕发达的重要因素。明成祖耗时十余年营造北京城，所需工匠、建材、粮食都靠京杭大运河运送。永乐十四年（1416 年），四川、湖广、江西、浙江、山西等地，所供"良材巨木，毕集卒师"。皇宫所用之砖，来自山东临清，"运至京师，每漕舫搭四十块，民舟半之"。皇宫正殿所用"细料方砖"，运自苏竺。琉璃瓦所用黏土，运自安徽当涂、芜湖。营建北京的百余万民工和督运官吏，都靠大运河来运输。

　　与前代相比，明代财政领域出现两大变革：一为白银货币化的完成，二为一条鞭法的推行。这两大变革均大大促进了商品经济发展。白银货币化使得商品交易，尤其是长距离贩运更加便利；一条鞭法允许税粮折银或折布，直接促进了农产品商品化。虽然明代北方棉纺织业作为家庭副业在官府推动下迅速普及，但纺织技术仍落后于南方。据《元明事类钞》卷二四引王象晋所著《木棉谱序》："北土广树艺而昧于织，南土精织纴而寡于艺。"这种情况使得北方棉花贱而棉布贵，南方棉布贱而棉花贵，形成棉花南运、棉布北运的贸易模式。《农政全书》记载："今北土之吉贝（棉花）贱而布贵，南方反是。吉贝则泛舟而鬻诸南，布则泛舟而鬻诸北。"棉花南运多通过水路或陆路，先运至沧州、泊头等运河码头，再行转运。这使得运河码头棉花贸易兴隆，出现了专业的棉花市场。例如，沧州"东南多沃壤，木棉称盛，负贩者皆络绎于市"。明代粮食商品率明显提高，部分植棉农户需售棉购粮，种粮者则需要以粮换布或以粮换银缴纳税负，这促使粮食运销现象更加普遍。

　　粮棉以外，河北地区瓷器、煤、盐及各类农产品，均沿运河向外销售。运河沿岸的桑园、连镇、泊头、沧州、兴济、青县均发展为重要的商业城镇，其商品营销范围除运河一线外，东南可达鲁北地区，西部至正定一带，小枣、鸭梨、冬菜、猪鬃等，更可远销海外。明人孙承宗曾述及，高阳县城南关的洪济桥下，"东南之货贿，天津之鱼盐，晋恒之材木"①，毕集于此。《彰德府

---

　　①　河北省高阳县地方志编纂委员会：《高阳县志》，388 页，北京，方志出版社，1999。

志》又载，彭城居民"善陶缶罂之属，或绘以五采，浮于滏，达于卫，以售于他郡"。《磁州志》也载，彭城的瓷器，邯郸附近的棉花，武安、涉县的花椒、核桃、柿饼，山西的铁器等，多经陆路运到此地，由滏阳河装船输出。其中，仅磁州贡纳的瓶、坛，每年从窑场浮舟达卫河运交北京光禄寺的，就多达11936筒。

清朝统一全国制钱重量，开放粮食贸易，撤销关卡等，极大促进了商业贸易的繁荣。河北商漕最主要的商品仍为粮食。北京作为元明清三代都城，至清代已经有相当规模，至康熙后期，人口已达 92 万余人[①]，形成庞大的消费群体。南方粮食及其他商品源源不断经南运河销往北京。由于清廷实行鼓励手工业生产的政策，全国各地的矿业、纺织业、制瓷业、制盐业等都有较快的发展。这样，位居畿辅之地的河北地区便成了各省商船汇集贸易的重要市场。这种情形，在运河沿岸州县的方志中多有记载。例如，程廷恒《大名县志》称，清朝以来，"商舟盐楫贸易往来，上自卫辉新镇，下达临清、天津，亦咸鳞次鹜逐于县境"；乾隆《馆陶县志》记载，馆陶之西一里许即运河，南至小滩镇，北至临清州，"天津盐船络绎不绝"。因经济作物广泛种植以及手工业多样发展，清代运河贩运贸易品种较明代更加丰富。粮食、棉花、棉布、果蔬、食盐、烟酒、煤铁等均成为大宗商品，贸易规模进一步扩大。康熙年间，每年经由运河北运的粮食达 600 万石，除北京以外，另运销至山西等中西部地区。

运河商漕的巨大利润对官漕形成诱惑。官府轻商禁商观念逐渐开始转变，放宽了对漕船随带货物的限制，允许漕船沿途进行贩卖。据《钦定户部漕运全书》记载，漕船从南方随带的土特产，清初限定每船为 60 石。雍正七年（1729年）又放宽至 100 石："于旧例六十石之外，加增四十石，准每船携带一百石。"[②]雍正八年（1730 年），又增加到 126 石。对于南返回空漕船，也允许从直隶等地随带梨、枣等北方特产 60 石。雍正朝全国共有漕船 7167 艘，按每船每年两运推算，漕船往返携带的各类货物，可达 267 万石。实际上，漕船私带的货物远不止此数。

① 韩光辉：《北京历史人口地理》，128 页，北京，北京大学出版社，1992。
② 江苏省财政志编辑办公室：《江苏财政史料丛书（第一辑第二分册）》，372 页，北京，方志出版社，1999。

三、近代运河商运的复兴

(一)近代运河航运权沿革

鸦片战争以后，轮船开始进入中国内海，外商轮船公司纷纷建立，对中国沿海与内河航运渐成垄断之势。对于新式轮船的冲击，清政府非但不顺应时势，反而一再严令禁止内河行轮，不准民族资本投资轮船运输，阻碍了民族轮运业的发展。直至 1895 年，清政府在内外压力之下，才准许内河行驶小轮。1903 年，直隶商人贾润才等集股 30 万两，于天津成立"南运河轮船公司"，在南运河航线天津至德州间从事轮船拖带运输，又置备挖泥机器，疏浚航道，把航线延长到山东临清，入卫河直至河南道口。继南运河轮船公司之后，又有挂英国旗的"时利和北河小轮船有限公司"和某刘姓人士拥有的一艘小型轮船在南运河从事轮船运输。

辛亥革命以后，直隶爱国人士呼吁改变外商轮船公司垄断海运、入侵直隶内河的现状。在此背景下，1914 年，直隶省行政公署和北洋政府海军部大沽造船所合资创办"直隶全省内河行轮董事局"(以下简称"行轮局")，由省行政公署"筹办内河行轮事务"，并规定"内河行轮为直隶省专有"，开辟津保、北运河、蓟运河、大清河、子牙河等航线。官办轮运公司的创办，有力抵制了外轮对直隶内河航行的侵犯，但也形成了对民间轮运公司的排挤。南京政府成立以后，改直隶省为河北省，省会驻天津，天津市政府与天津警备司令部接管行轮局。之后两年，河北省政府几次变更，行轮局管理权与名称也陷于直隶省政府与天津特别市之间的争夺之中，几经变更。1930 年，河北省政府由北平迁回天津，天津特别市改为天津市，隶属省政府。1930 年 11 月，河北省政府将行轮局定名为"河北省内河航运局"，轮运局名称与归属得以稳定下来。1931 年以后，河北省内河航运局开辟了南运河航线，蓟运河线及一些支线亦得以恢复。南运河线从天津经沧县、德州至临清，长 500 公里。

早在 1912 年，法商仪兴新记轮船公司在天津至沧县间即经营过小轮客运，后因不敌铁路而停运。行轮局成立后，虽多次打算开辟南运河客运，但基于同样的原因迟迟未开。1930 年，津磁、津保航线因航道淤积，航程缩短，营业收入显著减少。航运局为扩大运输，派人查看南运河、蓟运河水势，决定在南运河天津至青县马厂间、蓟运河芦台至宁河大辛庄间开展客运。上述计划因河水骤减而未能实施。又经过几年筹备，1935 年 10 月，才正式开辟了津德线客运，即由天津经沧县、泊镇至德州。津德线开办之初，先在天津至沧县间运行。1936 年 3 月，为补船只不足，航运局与天丰轮船公司（天津市一家较小的私营轮船公司）实行官商联运，航线延长至德州。1937 年 4 月，航运局利用自有船舶将航线从沧县延长至泊镇，"营业尚佳，行旅称便"。接着，航运局又租用轮船，在连镇与安陵间从事旅客运输。然而，由于南运河航道不断恶化，能正常通航者，仅天津至泊镇区段，航程 187 公里。天津至泊镇航线虽有津浦铁路竞争，但因水运运费便宜，反有竞争优势，客船常满员。以客票收入推算，此河段每年客运量为 6 万～7 万人。津浦铁路开通天津至仓县的短途客车后，南运河航线客运遭冷落。航运局遂开通天津至德州的货运航班，之后南运河航线便以货运为主。

1937 年 8 月 1 日，日本侵略者在天津成立汉奸组织——天津市治安维持会。治安维持会接管河北省内河航运局，成立伪"天津市治安维持会内河航运局"。由此，河北省内河航运局乃至整个河北航权全部落入日本侵略者之手。河北沦陷后，日本成立伪"河北公署"，解散天津市治安维持会，成立伪"天津特别市公署"，伪"天津市治安维持会内河航运局"改称伪"天津特别市内河航运局"。1939 年 10 月以后，内河航运局撤销，财产为日本公司所霸占。之后，日本在航运局原址成立"天津航运营业所"。营业所控制了南运河（天津至德州段）的通航权力，使南运河成为日本侵华与掠夺中国资源的水上通道。抗战进入相持阶段后，日本对华侵略重点由军事进攻改为经济掠夺，对占领区经济进行全面控制。为便于其经济控制，日伪于 1941 年发布《东亚交通政策纲要》，成立"华北交通株式会社"，推行系列交通政策，以实现对华北交通的完全控制与垄断。华北交通株式会社除对华北铁路、公路实行管控以外，同样对内河航运进行强化统制。

1945 年 4 月，晋冀鲁豫边区政府成立公营运输机构"太行运输公司"。1946 年，太行运输公司改称"晋冀鲁豫边区交通运输公司"，统一管理解放区运输事业。继之为国共合作形势需要，运输公司改为私营。1946 年 4 月 1 日，太行运输公司更名为"裕通转运股份有限公司"。裕通公司成立后，立即在滏阳河航线的柳林桥设立船运部，接管冀南行署粮栈 20 艘载重 40～50 吨的木船①，开始从事滏阳河的内河运输。1946 年 4 月，隶属于裕通公司的"临清广华转运公司"（简称"广华公司"）成立，负责沟通晋冀鲁豫和渤海区的物资交流，打通与济南、天津等敌占区贸易渠道，经营卫运河船舶运输。1946 年 5 月，裕通公司又在衡水组建"衡水永祥货栈"。永祥货栈利用衡水水陆交通方便的特点，开展对敌占区北平、天津的经济斗争，主要从事滏阳河、子牙河水上运输。裕通、广华、永祥协作联动，使中断已久的卫河、南运河、滏阳河、子牙河水上运输得以沟通。1947 年，解放战争进入战略反攻阶段，晋察冀、晋冀鲁豫两大解放区连成一片，华北平原基本处于共产党的控制之下，天津、北平两座城市成为平原孤岛。为解放平津，1947 年 12 月，冀中运输公司成立，统一调动内河运力，支援解放战争。解放区政府实行正确的商业政策，保护私人船舶，南运河民船航运得到恢复和发展。以南运河码头重镇泊头为例，至 1948 年，泊头港口有木船 231 艘，载重能力 13205 吨，超过滏阳河、子牙河、大清河总运输能力。南运河主要运输物资为盐、粮食与煤炭。食盐产自黄骅、海山、海兴等沿海地区，先陆路运至泊头或沧州，再沿南运河往南运至德州、临清、馆陶等地。

　　平津战役结束以后，为适应新形势，华北人民政府召开华北交通会议，对水运任务进行调整，将运输重心由支援战争转为以支援经济建设为目标。早于 1948 年 6 月，华北局已成立"华北财办卫运河管理委员会"，开始对水上运输进行初步统一管理。天津解放以后，1949 年 2 月，设在德州的卫运河管理委员会被改组为既从事内河运输又管理航政的综合机构——"华北人民政府交通部卫运河航政管理处"。航政处在山东临清设立了办事处，将广华运输公司改组成"卫运河船运公司"，驻地德州，并管辖"临清船运分公司"。至此，南运河、子牙河、滏阳河的运输与船舶管理基本统一。1949 年 4 月初，交通接管处接收国民党旧航务机构的工作基本结束。华北人民政府在"卫运河航政管理处"的基础上组建"华北人民政府交通部航务管理局"，后于 1949 年 5 月成立"华北内河航运管理局"，办公地点位于德州，主要经营和管理卫运河水运。稍后将卫运河航政处所属办事处、航运公司划归华

---

①　王树才：《河北省航运史》，222 页，北京，人民交通出版社，1988。

北内河局，办公地址由德州迁往天津。继之，华北内河局于德州、沧州、临清、天津设立航运办事处，组建"华北内河航运公司"，对沧州等处船运公司进行统一管理。

（二）近代运河商运变迁

咸丰年间，清政府停止运河漕运以后，同时停止了运河的行政管理与官方维护，官船无法通行。但商船因体积与运量均远小于官船，仍可通航，由此运河完全进入商运时期。1860 年天津开埠以后，华北地区迅速形成以天津为中心，直隶、山西等省为腹地的口岸—内地型市场。大量洋货由天津进入华北内地城乡市场，同时内地的农副产品也源源不断输送到天津口岸，转运出口。在铁路交通尚未起步、轮船禁止内河航行、现代交通尚未发展的情况下，口岸—腹地贸易重新促进了运河河运的兴盛。运河河运中心由北京改为天津。

南运河自漕运停止后水量仍较充足，在天津至临清 478 公里航段，可通行 550～1000 吨的木帆船①，且每年航行期可达十个月。临清以上与卫河相接，"差不多以一条直线将天津与河南省心脏部分连接起来，也同山西省的矿区与煤区的东南边界连接起来"②，成为连接冀豫两省的重要通道。它不仅为沿线的物资交流提供了方便，还吸引客商将河南腹地及晋东南地区丰富的矿产及农产品运到天津：1900 年前后，载重 50 吨的民船在丰水季节，从天津至河南道口约有 822.5 公里航道可通航。③ 根据日本人的统计，经常航行在天津至临清间的民船有 1100 多艘，其中载重 35 吨至 50 吨的木船占大多数。④ 另据《天津志》，1905 年通过南运河进出天津的民船共有 33992 艘，货物运输量达 92.48 万吨，居河北各河系之首。⑤ 民国初年，通过南运河民船运输的总贸

---

① 日本东亚同文会：《支那省别全志·直隶省》，451～457 页，上海，东亚同文会，1920。

② ［英］派伦：《天津海关十年报告书（1902—1911）》，载《天津历史资料》，1981（13）。

③ ［英］派伦：《天津海关一八九二——一九〇一年十年调查报告书》，载《天津历史资料》，1965（4）。

④ 徐从法：《京杭大运河史略》，240 页，扬州，广陵书社，2013。

⑤ 王树才：《河北省航运史》，100 页，北京，人民交通出版社，1988。

易额达到 1600.8 万海关两，占当时河北水路贸易总值的 5436.39 万海关两的 29％。① 1925 年，通过南运河进出天津的民船有 13166 艘，货物为 47.37 万吨。卫运河至近代仍为直隶与河南、山西南部重要贸易通道，但 1905 年以后因河床变浅，通航能力逐渐下降。

北运河从漕船停运以后，因航道荒于治理，航运量有所减少。在天津至通州 150 公里航段，丰水期尚能通航载重 25 至 35 吨的木帆船，枯水期仅能由天津通至杨村或河西务。北运河的航行期也较短，每年仅有 6 个月左右。天津开埠不久，俄国商人为节省茶叶运输费用，改变了以往全部由陆路运输的做法，开始把中国南方产的茶叶经海上运到天津，通过北运河，从天津运至通州，继而转用骆驼运往俄国。1895 年的运量约计 90 万石。贸易额最大的 1899 年，中俄茶叶贸易额达 996.04 万海关两，占当年天津进出口总额的 11.4％。② 这些担负茶叶北运的民船，回程则主要装运北方畜产品及其他物资，如牛皮、羊皮、羊毛、驼毛和粮食等。根据《天津志》统计，1905 年通过北运河进出天津的民船有 16288 艘，货物约为 42.44 万吨，仅次于南运河和西河(见表 2.1)。③

表 2.1　1905 年河北民船进出天津码头情况统计表

运输方式	内地运往天津(％)			天津运往内地(％)		
	船数(艘)	运量(吨)	占比％	船数(艘)	运量(吨)	占比％
南运河	17273	471415	37.5	17719	453391	35.9
西河	17358	413631	32.9	17903	428043	33.9
北运河	8024	207978	16.2	8264	216413	17.3

资料来源：据《天津志》编制，转自王树才：《河北省航运史》，103 页，北京，人民交通出版社，1988。

民国以后，京津间铁路运输发展，北运河遭到冷落，航道状况恶化，民船运量显著减少。按贸易额计算，当时通过北运河进出天津的民船贸易总额

① 李洛之、聂汤谷：《天津的经济地位》，31 页，天津，南开大学出版社，1994。
② ［英］派伦：《天津海关一八九二——一九〇一年十年调查报告书》，载《天津历史资料》，1965(4)。
③ ［日］中国驻屯军司令部：《二十世纪初的天津概况》，109 页，天津，天津市地方史志编修委员会总编辑室，1986。该书原名《天津志》，下同。——编者注

为 268.04 万海关两，仅占当年水路贸易总值的 5%。[①] 1925—1926 年，因军阀混战，北宁铁路运输受阻，北运河民船运输重焕生机。1926 年，经北运河进出天津的民船有 9507 艘，运输货物 16 万余吨（见表 2.2）。[②] 由此看，运河民运虽较清代逊色，但在华北地区贸易中仍充当着重要角色。《天津志》记载，天津"运销国内外之数以万资的贸易，同其水路有着最大的关系"。"天津贸易的大多数，都依此水运进行集散。"[③] 以 1905 年为例，河北民船总运力为 258521 载重吨，各河进出天津的民船总数多达 121024 艘次，货物为 251.61 万吨，占各种运输方式运量总和的 58.9%。铁路运输占 33.7%，陆路运输只占 7.38%。[④] 内河运输中，又以南运河货运量最多。另据负责征收水、陆、铁路运输关税的天津钞关（天津常关）调查，清末"天津每岁贸易约有七千万两，而由民船所营者占四千二百余万两，则民船业又乌可渺视也"[⑤]。

表 2.2　1925—1926 年河北民船进出天津码头情况统计表

航线	1925 年				1926 年			
	运入		运出		运入		运出	
	船只数	吨数	船只数	吨数	船只数	吨数	船只数	吨数
南运河	7597	248960	7569	224751	5402	165614	5515	174132
西河	24898	497846	25167	508735	22344	508678	22167	503831
北运河	4221	49334	4230	48247	4698	87264	4809	81031
东河	12826	143458	11871	113626	16997	208792	16144	210067
合计	49542	939598	48837	925359	49441	970348	48635	969061

资料来源：据《北支河川水运调查报告》编制，转自王树才：《河北省航运史》，104 页，北京，人民交通出版社，1988。

---

① 李洛之、聂汤谷：《天津的经济地位》，31 页，天津，南开大学出版社，1994。

② ［日］中国驻屯军司令部：《二十世纪初的天津概况》，109 页，天津，天津市地方史志编修委员会总编辑室，1986。

③ ［日］中国驻屯军司令部：《二十世纪初的天津概况》，109 页，天津，天津市地方史志编修委员会总编辑室，1986。

④ ［日］中国驻屯军司令部：《二十世纪初的天津概况》，242 页，天津，天津市地方史志编修委员会总编辑室，1986。

⑤ 李仪祉：《华北水道之交通》，载《华北水利月刊》，第 3 卷，第 3 期，1930。

随着铁路运输的快速发展，内河民船运输所占比例逐渐下降。1912年，天津对内贸易，铁路运输占至53％。同期民船运输贸易额下降到43.6％，降至第二位①，之后呈逐年下降趋势。1922—1928年，铁路运输因战争遭到破坏，民船运输地位有所上升。铁路运输从1922年占进出天津运输总量的74％，降到1928年的49％，而民船运输却从23％上升到46％。其中，民船运输1926年曾达到54％，铁路运输下降为43％。

根据《北支河川水运调查报告》提供的数字，1936年由天津通过南运河航线运往德州以北地区的开滦煤为2.5万吨；由河南道口运至德州的焦作煤有1.45万吨，输入量超过5000吨的有大名、龙王庙、临清、德州、桑园、连镇、泊头、沧州等码头。此时期南运河货运量出现较快增长，1936年货运总量达到50.5万吨，较1926年增加了53％。河北其他运河河段货运量也有明显增长，运输地位有所上升。蓟运河航线年运量达到30万吨以上。② 北运河尽管航道状况不断恶化，民船运量仍有16.83万吨。③ 北运河同蓟运河一起成为河北省东北部的交通动脉。

运输货物因外商入侵与民族工业发展的不同阶段而有所区别。清末，运河是天津与腹地之间贸易的重要通道。天津成为西方资本主义国家从中国北方地区汲取原材料的基地，大量土特产品与手工业品源源不断由内地运往天津，再由天津转运海外。河南的药材、棉花，山西及河北磁州的煤、瓷器，河北南部的粮食、棉花及草编品，山东北部的棉花、羊皮、羊毛等，大部分都通过南运河运至天津。其中，仅河南船队每年就有约3000航次。自河南运往天津的药材，最高年份可达30万海关两，少则也有13万海关两。外国工业品亦由天津回运至内地。20世纪以前，民族资本主义尚未起步，自天津往内地回运的国货主要为食盐。南运河依旧为长芦盐运销河北南部、河南、山东的主要通道。

北伐战争后，华北局势相对稳定，这给天津近代工商业及河北农村经济

---

① 李洛之、聂汤谷：《天津的经济地位》，31页，天津，南开大学出版社，1994。

② ［日］中国驻屯军司令部：《二十世纪初的天津概况》，109页，天津，天津市地方史志编修委员会总编辑室，1986。

③ 王树才：《河北省航运史》，168页，北京，人民交通出版社，1988。

提供了缓慢发展的机会，铁路、公路及内河轮船运输业也得到一定的发展，但发展速度缓慢，远不适应广大城乡运输的需要。在这种情况下，河北内河民船运输以其灵活便利的运营服务，继续为客货运输发挥重要作用。与前一时期相比，此时期民船运输的货物品种及物资流向出现了一些新的变化。随着民族棉纺业的起步与发展，民国初年天津棉纺业的快速发展刺激了华北的棉花种植与运销。产自直隶各地的棉花经平原各大水系源源不断运往天津，其中经南运河运送的为御河棉。御河棉产区主要在南运河流经的吴桥、东光、南皮、南宫等地，大部分通过南运河运往天津。蓟运河与北运河以运输东北河棉为主。天津运往腹地农村的以棉布与日用工业品为主，且腹地对天津长期保持贸易出超。20 世纪 30 年代初期，受世界经济危机影响，通过运河从天津输往农村的进口产品数量大增，除工业品外，还包括粮食。据《河北省航运史》一书统计，1936 年，河北民船由天津输往河北、山东、河南等地的货物总量约为 175 万吨，从各地输津货物仅 66 万吨。① 运河商运成为当时中国城乡贸易的一个缩影。随着煤炭业与工业的发展，南运河也成为煤炭运输的重要通道。天津至连镇河道段主要运输开滦煤炭，连镇以南，包括卫河沿线则以运输河南焦作煤炭为主。

全面抗战开始以后，运河民运一度停顿。天津航运营业所成立以后，重新开通停运已久的子牙河（天津至静海王口）、南运河（天津至德州）、蓟运河航线。日伪霸占河北航期间，对民船实行"许可证"制度，只有获取许可证的民船才可航行。获准航行民船数量仅为之前半数有余，大量民船因无许可证被迫停运，运河民运转入萧条。1940 年 5 月，伪"天津航运营业所"正式于子牙河、南运河与大清河开通船团运输航线。其中南运河航线配船 170 艘，每月往返 3 次。在此期间，南运河运量落后于子牙河与大清河。

1939 年起，日伪华北交通株式会社控制了河北内河航运。日本华北派遣军 1939 年 2 月发布《对华北内水航运业商之公示》，规定所有内河船舶都必须由华北派遣军司令监督指导，由日本军（特务机关）管理，从此开始了对华北物资的肆意掠夺。1939 年 4 月至 1940 年 3 月，南北运河输津货物即达 278371

---

① 王树才：《河北省航运史》，168 页，北京，人民交通出版社，1988。

吨①，运输物资主要为粮食。另据天津《庸报》1940 年 8 月 7 日报道，1940 年 5—8 月，南运河通行船舶 1072 艘，运输货物 4058 吨，主要物资为煤炭与木材。至 1941 年上半年，经南运河、子牙河、北运河航线运往天津的粮食达 71919 石。② 1942 年，日伪对冀中平原进行大扫荡，疯狂掠夺各类物资，所掠物资仍主要通过河北内河经天津运出。当年 3—6 月，日本侵略者运用船舶达 55880 艘，抢运物资 837873 吨。此次掠夺抢运，南运河仍为最大水运航道，经此河道通行船只达 15298 艘次，运量 384483 吨。日本侵略者将河北农村的粮食、棉花等物资通过运河运至天津，再转运日本，最大限度地掠夺中国的资源。此时，日本在河北地区重点掠夺的物资为煤炭、棉花、粮食、食盐及其他土特产。

除了"许可证"制度，日伪华北交通株式会社还通过"收买"和"租用"方式，控制大批民船，征作军用，用于运送军事物资与掠夺中国物资。同时，为防范抗日军民袭击，华北交通株式会社在河北南运河及其他内河航线实行"船团运输"，即将几十艘民船组织成"船团"集体出航，由日军派重兵武装护送。南运河船团天津至德州、天津至山东临清航线于 1940 年 5 月开通，航行船只 170 艘，每月各往返 3 次，另以拖轮 8 艘拖带民船开展客运。在日伪严酷的军事控制以及过度掠夺之下，南运河民运事业遭受严重破坏，船只数量连年减少，至 1945 年日伪投降前夕几乎到了破产边缘。

抗战胜利后，日伪的天津航舶运营所水运资产由国民政府"交通部特派员办公处"接收，之后内河船舶由招商局天津分局接管运营。天津招商分局封停了内河航行船只，运河航运再次中断。之后受解放战争影响，河北运河商运更无从恢复。1946 年，裕通公司成立之后，着手恢复卫河、南运河水上运输。此时期，运河物资运输以支援解放战争为要务。例如，将卫河流域所产粮食、棉花和杂货运往河北冀中解放区，同时将冀南地区煤炭、瓷器等运往运河沿岸区域。因冀南、冀鲁豫解放区生活急需，天津及沧州等地的粮食、食盐及日用工业品亦为重点运输物资。南运河以泊头镇为中心恢复水运交通。1946 年以后，津浦铁路运输中断，南运河成为南北物资运输通道。为扶植和发展

---

①　王树才：《河北省航运史》，205 页，北京，人民交通出版社，1988。
②　王树才：《河北省航运史》，206 页，北京，人民交通出版社，1988。

民船航运，泊头市政府吸引仍受国民党统治的天津船户大量到泊头镇登记，增强了南运河船舶数量与运输能力。1948年7月，泊头木船数量已达231艘，有13205吨的载重能力，成为河北地区最具运力的水运通道。南运河的民运同样以满足解放战争需要为目标。首先通过陆路将黄骅、盐山、海兴等沿海县所产食盐运至泊头或沧州码头，然后装船沿南运河，水运至晋冀鲁豫解放区。据《人民日报》1949年3月19日报道，1947年9—12月，民船往返运输物资达11104吨。1948年，运输规模进一步加大。冀中运河挖通以后，为平津战役物资输送起到关键作用。平津战役期间，冀中区通过运河向前线运送小米38500吨、面粉4450吨、食盐560多吨，连同马饲料、木柴、蔬菜、被服等其他军需物资，共达10万吨。

随着华北平原整体解放，长期被战争隔断的城乡之间、各区域之间的物资交流与经济交往得以恢复。在陆路交通不发达的河北省，南运河与子牙河、大清河等其他内河水系，成为各地物资交流的主要沟通方式，内河航运再现繁荣景象。据1949年8月9日的货运统计，仅南运河的天津码头，进出口物资就有37000余吨。其中，进口物资主要有南运河上游的小麦、棉花、食油、蔬菜、瓜果、猪肉、鸡蛋等，输出物资主要有食盐、工业产品、西药、煤油及各种杂货。此外，天津稳定市场所急需的粮、棉等物资，均主要依靠运河及其他河北内河水系运输。

第三章 河北运河区域经济变迁

　　水为生存之源，尤其是在生产力水平低下的农耕时代，便利的水资源条件几乎成为人类社会发展的决定性因素。在某种程度上，我们可以将农耕文明定性为"水文明"。人畜需饮水而生，农业需引水灌溉，交通亦离不开水运。因中国地势西高东低，自然河道多呈东西走向，南北贯通的大运河使几大河水系互联互通，得以形成四通八达的水运网，同时为沿岸农业、手工业发展提供丰富的水资源。河北南运河沟通海河、滹沱河、滏阳河、漳河等各大水系，孕育了丰富的农耕文明，也成为河北平原经济长期发展与繁荣的关键因素。

第一节　河北运河区域传统农业与手工业

一、河北运河区域农业的发展

　　尽管古代运河开凿以便利交通为主要目的，但渠水对沿岸农业的稳定发展能起到直接推动作用。明清以前，凿井技术不发达，运河成为低廉而便捷的农田灌溉设施。曹操以邺城为中心，在河北平原地区修建多条运河，形成纵横交错的水运网。自曹魏在邺地建成运河网之后，河北中南部成为人口最为集中的区域之一。邺地在魏晋时期已经有水稻种植，实行稻麦兼种，为北方重要产粮区。据《魏书·食货志》记载，东魏时期，邺地经济发展迅速，粮食连年丰收。元象、兴和年间，"军国之资，得以周赡"。运河沿岸各州均建有粮仓储备粮食。西汉太白渠专为农田灌溉而凿，《汉书·地理志》记载，太白渠引绵蔓水(今滹沱河支流冶河)，向东南到下曲阳与斯洨水相接，长 70 多公里。东汉一度利用太白渠通航。

唐代注重农田水利设施修建，朝廷曾多次以太白渠为源开凿渠道，引水灌溉。唐初自平山(今平山县东南)开大唐渠，引太白渠水灌溉获鹿及石邑(今石家庄西南)的农田。永徽五年(654 年)，在平棘(今赵县)引太白渠水注入广润陂。总章二年(669 年)，又自石邑西北开礼教渠，引太白渠水向东北入真定界灌田。天宝二年(743 年)，又从石邑继续开凿引大唐渠，向东南方向延长，回注太白渠。这一时期，太白渠灌区遍及今鹿泉、藁城、辛集等地。唐初期非常重视农田水利工程的兴修与维护，在邺县、尧城(今河北磁县东南)、临漳(今河北临漳西南)等地利用永济渠、漳水及其他河道开挖运河，引水灌溉，促进农业生产的迅速发展，运河沿岸成为重要产粮区。根据杜佑《通典》所载，唐玄宗天宝八年(749 年)，在全国各道粮仓中，河北道正仓粮居全国第三位，义仓、常平仓储粮均居全国首位。① 考古发现，洛阳含嘉仓遗址出土的刻字铭砖，刻有入仓粮食的品种、来源、数量、时间及仓窖位置等信息。其中，有天授元年(690 年)魏州、沧州铭砖，长寿二年(693 年)邢州铭砖，可知唐朝时期河北运河区域魏州、沧州、邢州等均为重要税收地。在发达的农业支撑下，唐代运河沿岸为河北人口最集中区域。据统计，天宝元年(712 年)，运河流经的魏州、贝州、沧州、瀛州四州人口占河北人口总数 45％。② 安史之乱至五代时期，河北运河区域因战乱不断，农业生产遭到毁灭性破坏，长期萧条。

宋代河北路为宋辽接壤之地。宋廷为御辽，利用河北发达的水利资源，开挖河塘，修治方田。虽其主要为军事目的，但客观上便利了农业灌溉，同时亦可发展渔业养殖与水稻种植，促进了当地农业生产。据《宋史·王沿传》记载，宋仁宗景祐初年，河北转运使王沿，组织百姓"导相、卫、邢、赵水下天平、景祐诸渠，溉田数万顷"。宋神宗熙宁年间，都大提举黄、御等河公事程昉曾在河北开闭河四处，灌溉农田四万余顷。③ 宋廷还结合水利修治，开

① 孙继民：《河北经济史(第一卷)》，423 页，北京，人民出版社，2003。
② 孙继民：《河北经济史(第一卷)》，411 页，北京，人民出版社，2003。
③ (宋)李焘：《续资治通鉴长编》，6400 页，北京，中华书局，1986。

展"淤田工程"，人工决堤，让河水挟带的黑淤浸灌农田，治理盐碱，增强土地肥力。宋代科学家沈括在《梦溪笔谈》中说："深、冀、沧、瀛间，惟大河、滹沱、漳水所淤，方为美田。"因水利之便，宋代河北运河区域是发达的农业区，农耕技术非常成熟，耕牛使用普遍，"河朔平田，膏腴千里"。运河区域畜牧业与渔业均有一定发展，义军首领王则曾在清河一带自卖为人牧羊，可知当地养羊业已颇具规模。至于渔业，欧阳修曾描述称："沧州大海出鱼，不异南方。"

经元末战乱，至明代初期，河北运河区域人口大减，土地荒芜，经济凋敝。大名素为经济繁荣地区，明初亦是"户口调耗，闾里数空"，一片荒凉。对此，明取山西大量移民至河北，开垦荒地，恢复生产。运河沿岸生产重现复苏。例如，清河自接收移民后，"村落星罗棋布，民多聚族以居"。万历六年（1578 年），大名府人口 692058 人，位居第三，河间府 419152 人，排第五位。①

河北运河区域粮食种植历代以粟、麦、黍、稷、菽等为主，间种水稻。《沧州志·土产》记载："稻田间亦有之。"水稻种植也有悠久历史，曹魏时期即有"稻麦兼种"传统。隋唐大运河流经区域，如大名一带，为北方水稻主要产区。景祐年间，河北转运使王沿推广水稻种植，在磁州、相州、邢州等地教民种植水田，水稻种植更加广泛。元代以后，京杭大运河区域因地势低洼，水稻种植并不普遍，但绝对种植面积仍较历代有所扩大。小麦始终为最主要的粮食作物，清代种植面积占半数以上。运河南段地区为黄河冲积平原，适合小麦和谷子等温带作物生长。小麦与禾谷类作物轮种，三年两熟的种植模式已经形成。农田灌溉以井灌为主，可有效避免气候影响，形成集约化经营。运河南部大部分区域，如广平、枣强等县亩产可达 2 石。相比之下，位于北运河区域的香河、河间北部区域，因水利失修，旱涝灾害频繁，土地盐碱化严重，农业生产落后。虽然北运河地区农作物品种与南运河地区相似，但产量较低。小麦种植面积仅达 30%，谷、豆、高粱等只能一年一种，两年三熟制未普及。因土壤贫瘠，该地亩产多以斗记。河间府河间县，正常年份亩产仅五六斗，丰收年份可达七八斗。故城县正常年景只有三四斗，丰收年份才

---

① 孟繁清：《河北经济史（第二卷）》，330 页，北京，人民出版社，2003。

能到五六斗。因运河北部地区土地盐碱化日趋严重，朝廷进一步注重修治水利，推广水稻种植，以减少对南方漕粮的依赖。据《河间府志》记载，清代运河区域水稻种植在运河沿岸重新普及。嘉靖《河间府志》记载："凡东吴之粳稻、楚蜀之糯谷，河间、交河、沧州、东光、故城、兴济、献县、任丘之近河者，或播植焉。其耘籽之劳，视江南十之一二耳。"

明清时期，商品经济发展迅速，商品流通规模扩大，南北经济往来加强，北方农村经济开始出现新变化，主要表现为种植作物品种改变、农业产业化经营以及农村手工业兴盛。其中，运河区域因水运交通便利，得"近水楼台"之利，在农业及手工业生产方面最先做出反应。明代以前，河北运河区域经济作物以桑麻为主。御河沿岸的魏州、瀛州等为中国蚕麻主要产地。蚕桑种植自曹魏时期已经普及，《魏都赋》称邺地"黝黝桑柘，油油麻纻"，反映出当时桑麻种植之盛。唐、五代以及宋元时期，运河区域桑麻种植一直很发达。棉花自明代传入河北，种植面积迅速扩大。据记载，弘治十五年（1502年），在布政司和北直隶各府实征地亩棉花数额中，北直隶为103749斤，居全国首位①，其地位已逐渐取代蚕桑。

运河沿岸因土壤条件差异，农业种植品种不尽相同。大名府自明代已普遍种植棉花，清代进一步推广，成为重要产棉区。清河县的棉花也成为主要经济作物。沧州一带因地势低洼，植棉较少，只有南部吴桥、东光、南皮等县种植较广。除棉花外，玉米、甘薯、花生等在明代均传入北直隶，其在运河地区的种植也很普遍。因人地矛盾日渐突出，清廷鼓励农业多种经营，运河地区除种植传统作物之外，也种植烟草等，并且种植面积迅速扩大。

明洪武十七年（1384年），皇帝颁诏，命百姓多种桑枣，违者重罚。沧州水果种植规模迅速扩大，其中，沧县、盐山和献县的金丝小枣，肃宁的桃，泊头的鸭梨成为当地重要经济作物。传说，乾隆二年（1737年）秋，乾隆到沧州一带狩猎，途经献县，见路边风摇枣树，果实累累，顿时喜上眉梢，摘枣一枚。咬开时金丝闪耀，吃在口中甘如含蜜，乾隆喜言道："沧州自古草泽之地，然金丝小枣风味殊佳，如是者鲜矣。"沧州金丝小枣由此得名。献县东部田地贫瘠，栽种枣树居多。清人王庆云诗曰："春分已过又秋分，打枣声喧隔

---

① 张谢：《明清时期河北棉业述略》，载《河北学刊》，1982(1)。

陇闻。三两人家十万树，田头屋脊晒红云。"这反映出金丝小枣在沧州地区种植之广与规模之巨。泊头市是久负盛名的鸭梨之乡。早在西汉时期，泊头就开始了鸭梨栽培。东晋道学家葛洪的《神仙传》中，有对"交梨"的记载。据传，隋炀帝出游运河，路过泊头时上岸观梨花，只见"湖上花，天水浸灵芽。浅蕊水边匀玉粉，浓葩天外剪玉霞。斜晖暖摇清翠动，梨花香透万千家"。泊头亦因隋炀帝泊船上岸观花而得名。河间府故城土地沙化严重，"地多沙丘"，长期荒芜。乾隆以后，农民在沙丘内栽种果树，成为当地主要经济来源之一，"居民世业赖之"。肃宁乾隆年间桃树种植面积极广，"其业者多有桃园，多者千树，少亦数百树"。南皮农家也是"梨枣之利居多"。运河沿岸果品依靠发达的运河水运，北销京师，南销南方诸省，成为当地经济支柱。

二、河北运河区域手工业的发展

(一)纺织业

运河区域以其丰富的水资源与便捷的运输条件，自古就是手工业的聚集区。早于战国时期，燕国易水运粮渠开通以后，燕下都城内的手工业作坊和商业区就聚集于三条运河沿岸。运粮河至城外与濡水相通，经濡水向东又可入博水(今金线河)、滱水(今唐河)等，直抵渤海一带，形成燕都城与河北平原物资流通的便利水上通道。易水运粮河成为燕经济迅速发展，日后跻身七雄之一的重要因素。东汉末年，曹操将河北平原东南部的白沟和清河改造成运河以通粮道。之后，曹操又在运河两端增开了新河、泉州渠、利漕渠等，形成贯穿整个河北平原的运河网。处于水运中心的邺城手工业发展异常迅速，邺南城手工作坊达400余家。

在中国以家庭为单位的小农经济体制下，纺织业始终为农户最普遍的手工业形式。河北运河区域桑麻的广泛种植直接促进了丝麻纺织业的发展。两晋时期，纺织业已成为农户家庭副业主要形式，大名等县是丝绸的重要产地。除民间经营外，政府亦设官府作坊。东晋《邺中记》载，后赵在邺城设有织锦署和织成署，所出织物花色多样，织工精美，有很高的工艺水平。东魏北齐时期，邺城周边地区已经成为全国重要的丝织业中心。直至唐宋时期，缫丝织绢一直为运河区域传统手工业。唐代运河区域仍然沿袭蚕桑种植与丝织生产传统，"户户机杼"。李白曾在《赠清漳明府侄聿》中描写魏州运河地区的桑蚕种植："河堤绕绿水，桑柘连青云。赵女不冶容，提笼昼成群。缫丝鸣机杼，百里声相闻。"[1]这反映出河北运河区域蚕丝业之盛。有学者研究认为，天宝时期，全国纺织业贡品总数中，河北居首位。[2] 其中，运河区域功不可没。此外，据《新唐书·地理志》记载，河北每年都向朝廷进贡各类土特产品及手工制品。这反映出河北地区手工业的发达。

宋金时期，桑麻纺织是河北路运河沿岸州县最普遍的手工行业，该地亦为重要的桑麻产地。当时有"河朔衣被天下"和"河北缣绮之美，不下齐鲁"的说法。沧州、景州、临清、东平等处的丝、绢、绫、绵等织品量大质优，成为贡品。到了元代，随着农业生产和商业贸易的不断恢复和繁荣发展，纺织业也在不断恢复和发展。丝织业的发展使养蚕种桑成为重要工作。至元二十一年(1284 年)，山东地区出现霜害，桑树叶受损，农户养蚕尽死，被灾三万余家。元成宗时，清、沧等州出现霜害，损害桑树 240 余万株，损毁蚕苗一万二千余箔。这些历史记录，从侧面反映出当年沿运河城镇纺织业生产之兴盛。

明代初期，棉花传入河北，因气候适宜，种植面积迅速扩大。明中期推行"一条鞭法"，税粮改征银或折征布，直接推动了家庭棉纺织的发展。运河地区棉纺业逐渐成为主要家庭副业，纺织技术逐渐成熟。河间府斜纹布当时闻名于市。在棉织业迅速发展的同时，丝织业明显衰落。北直隶广大农村"女务蚕桑，服以木棉"。大名府桑树种植已不及前代十分之一。不过，总体来看，明代河北地区的棉纺织技术仍落后于江南地区。

(二)盐　业

沧州地处沿海，自秦汉时起成为北方的重要产盐区。曹操所建水运网，为沧州海盐的运销提供了便利条件。北魏时期，熙平二年(517 年)设立沧州，辖浮阳、乐陵和安德三郡，治所在今沧县旧州镇。东魏权臣高欢家系沧州，

---

① (唐)李白：《李白文集(第二册)》，王新龙编，23 页，北京，中国戏剧出版社，2009。

② 黄冕堂：《论唐代河北道的经济地位》，载《山东大学学报(哲学社会科学版)》，1957(1)。

对当地物产与交通均非常熟悉。都城由洛阳迁至邺城以后，朝廷对沧州盐业进行产业性开发。《魏书·食货志》载："迁邺后，于沧、瀛、幽、青四州之境傍海煮盐。"沧州盐沿无棣河、白沟运至邺城销售，盐业成为东魏重要的财政来源。东魏盐灶达 4800 多个，岁合收盐约 17 万斛，大量课税用以维持国家财政。高洋当政北齐时期，亦重视沧州盐的生产与运销。沧州盐业由此兴盛几十年之久。之后因长期战乱，政权更迭，运河失修，运路断绝，沧州盐业逐渐衰败。

元代，运河南北贯通，沧州盐业复趋繁荣。元太宗时，在沧州设置了河间税课所，下辖生产食盐的灶户 2300 余户。元宪宗时，官衙改称沧清深盐使所。元世祖时，改称大都河间等路都转运盐使司，所辖灶户增加到三千多户，食盐产量也不断增加。至元初年，盐产量为十万引。至元末年，增加到 29 万多引。元武宗即位之初，再增为 45 万引。当时北方地区大多食用沧州、清州生产的食盐。

明代河北沿海的海盐产量很大，运销活跃。河北地区置北平、河间盐运司，后改称河间长芦都转运盐使司，辖沧州、青州两个分司。洪武时，"长芦岁办大引盐六万三千一百余引（大引 400 斤）。弘治时，改办小引盐十八万八百余引（小引 200 斤）"。盐由国家专卖，且有指定的行销区域。河间长芦盐行销之地为北直隶和河南的彰德、卫辉二府，并输边到宣府、大同、蓟州，上供郊庙百神祭祀、内府及百官有司。明代为鼓励商人输边，实行"召商输粮而与之盐"的政策。凡盐商向边地输粮者可得盐引，获得盐引的商人可以在行盐之地卖盐。河间长芦盐经水路沿蓟运河、白河、卫河、桑干河、滹沱河等可通往北直隶所辖的顺天府、永平府、保定府、真定府、河间府、顺德府、广平府、大名府、延庆州、保安州等大部分地区；沿运河、漳河、滏阳河等则可通达彰德、卫辉等地。盐商卖完盐，又可以从这些地区收买粮米，漕运输边，如此周而复始地进行水上运输。这种畅达广泛的水运贸易，无疑对河北地区的人民生活和经济发展起着重要的推动作用。

清初采取多种措施整顿盐政，恢复发展盐业，长芦盐业无论是产量还是销售、盐税，都有很大增长。长芦盐区北起直隶临榆，经沧州，南至山东海丰。所辖盐场，清初顺治年间为 16 个，雍正年间裁至 10 个，道光时减至 8 个，分别为丰财、芦台、越支、济民、石碑、归化、海丰、严镇。

(三)金属冶炼与铸造业

河北运河区域金属冶炼与铸造业历史悠久。北魏时，临漳地区是北方冶铁中心，北魏相州牵口冶所为官营冶铁作场(在今临漳境内)，冶铸锻造技术达到很高水平。邺地金属铸造工艺较前大有突破。自曹魏以后，多个政权在邺城建都，建筑风格极尽奢华，其中多有工艺高超的铜器铸像。例如，后赵时期凤阳门城楼有大金凤，高一丈六尺。中阳门外有两铜驼，长一丈，高一丈。邺城皇宫藏有四枚铜钟，高二丈八尺。邺城西北的铜雀台，铜雀高一丈五，舒翼如飞。铸造规模大，工艺复杂，这反映出邺地铸造技术已非常高超。北齐设有滏口局、武安局、白间局三个冶金管理机构，均位于运河邻近区域，可知当时此区域金属冶炼之发达。景州(今河北景县)地区早在元太宗时就开始调拨民众从事冶铁工作。元世祖中统初年，在景州及大都路的檀州(今北京密云)等处设立铁冶提举司，专门负责冶炼生产。此后，铁冶规模不断扩大。椐元初王恽所见，檀景等处已设立铁冶提举司 17 处，参加冶炼的民工多达 3 万余户，每年的炼铁量达 1600 余万斤。[①] 元成宗时，又将檀景等处的提举司合并为采全铁冶都提举司。

泊头传统铸造亦有悠久历史。《交河县志》记载，窦建德定都乐寿时，城东南有奎星阁大钟，上篆"大夏五凤元年"(618 年)。奎星阁大钟高 3.5 米，直径 2.0 米，重约 2000 公斤，表明泊头铸造工艺已非常高超。1987 年泊头西部出土五代十国时期的铁佛，这尊铁佛亦成为泊头铸造技艺高超的有力佐证。明清史料记载："交河东乃九河之交，十有九涝，移民多有外出谋生者，以冶铁为业，近至州府郡县，远到南洋文丽(今文莱)，游离颠沛。"泊头铸造因其"打行炉，倒犁铧"的经营方式声名远播。"哪里有铸造，哪里就有泊头人"的说法广为流传。据民国初年统计资料，泊头外出铸造人口以万计，或务工，或开作坊，为现代化机器铸造业发展之前手工铁器铸造的生力军。

千余年来，泊头铸造工艺经历了从干模至硬模又到金属模的发展历程。干模工艺又叫泥模铸造。目前为止，在泊头出土的千年以上的铸造产品，都用的是这种铸造工艺。据出土文物考证，干模工艺使用的是砂土与泥，制作

---

① 陈璧显：《中国大运河史》，378 页，北京，中华书局，2002。

过程分为内范、外范、减支、合型浇铸等。硬模工艺是在干模工艺基础上发展而成的半永久性铸型。硬模铸造的关键是制作硬模，行话叫"浆模子"。方法是用 90％的胶泥掺上麻刀、碳渣，用铁棍打熟、揉好，在轮子上轮出硬胎，厚 70～80 毫米，然后扎眼防呛，烘干后涂上三层材料。第一层是碳渣掺黄泥，第二层是细胶泥，第三层是极细的铅粉黏土，共 3 毫米。硬模工艺为一百多年前由泊头铸造大家秦玉清的弟子经无数次实验发明出来的，是铸造技艺的一次革命。金属模工艺又叫铁模铸造，典型产品是犁镜。铸造犁镜的模子为铸造而成，一套模子可以使用几千次。20 世纪 60 年代，泊头农具社生产的犁镜成为名牌产品，年产几十万片，专供东北山地使用，具有坚硬而光滑的特点。新犁镜百步出滑不沾土。20 世纪 90 年代初，泊头犁镜停产。

（四）砖瓦业

明成祖大规模修建北京城，河北运河沿岸及邻近各府州县均在运河两岸设窑烧砖，客观上促进了运河区域砖瓦业的发展。明初，青县运河沿岸已有以砖瓦命名的村庄——窑口村（今王黄马）。该村村西有 20 座连窑烧制砖瓦，因此得名。嘉靖《河间府志》记载："青县窑地一处，占地 15 亩，看窑工 15 人。"嘉靖初年，沧州南至安陵、北至青县，绵延二百余里，有官营砖瓦窑 25 座，占地 464 亩。砖瓦的兴盛带动了建筑业的发展。这一时期兴建的沧州文庙、献县单桥、泰山行宫、清真北大寺，均以优美的造型、高超的技术、独特的风格，成为建筑精品。

从目前发现的实物看，临西自汉代已有发达的砖瓦烧制技术，能够烧制大型建筑用砖。贡砖又称临清贡砖，其烧制分布于今临西、临清运河两岸。明代初期，临西贡砖以质地优良、不碱不蚀闻名。《临清县志》记载，"临清官窑创设最古，规模甚大，制造优良，列为贡品"，是皇家建筑的主要材料。在北京故宫、天坛、地坛、日坛、月坛、城墙、城门楼、钟鼓楼、文庙、国子监及各王府中，人们都可以看到贡砖的使用。《临清直隶州志》记载，从"东、西吊马桥，东、西塔窑，张家窑到河隈张庄"，长达 30 公里的运河沿岸上，"设窑 192 座，每座两窑，计 384 窑，每年出砖 4176 窑，计 1044 万块"。"每窑划定良田 40 亩，专供窑户建窑、取土、存放砖坯之用，共占地 7680 亩。"每烧一窑砖，需柴四五百公斤不等。办柴州县，除东昌府外，尚有东平、东阿、阳谷、寿张等共 18 处，每年领价办柴运送各"窑"。据陈窑村《陈氏族谱》记载："大明嘉靖年间，陈氏始祖陈清与李姓人家在此立窑数座，为皇上烧贡砖。"20 世纪 80 年代初，在陈窑村发现一处窑址，并发掘出城砖数码，每码有 200 块，刻有"嘉靖十四年陈清"及"嘉靖十七年陈清"等字样。2008 年 12 月，河北省文物局组织考古勘探人员对陈窑遗址进行全面考古调查，在陈窑村发现明嘉靖、天启和清光绪等不同朝代、不同时期烧制贡砖的窑址 20 座。专家研究称，按古代贡砖官窑规格，每座窑分别应划给 40 亩地（专供窑户取土、盖窑、堆柴、存放砖坯和成砖之用）计算，20 座窑就占地 800 亩。仅凭占地面积，我们即可想象当时窑场的兴盛场景。清代文人袁启旭有诗曰："秋槐月落银河晓，清渊土里飞枯草。劫灰助尽林泉空，官窑万垛青烟袅。"

贡砖烧制工艺繁杂，首先选取黄河故道淤积的"莲花土"，经过碎土、过筛，选出精土浸入水池中。经过长期浸泡，再搅拌成泥浆，去水分后形成泥坯，再经人或牲畜反复踩踏，去除泥内气泡，之后进入熟泥期。熟泥也称"陈泥"或"醒泥"，长时间的醒泥可以使泥坯更加细腻坚实。接下来是制坯、晾坯、装窑、焙烧、出窑等工序。贡砖品类众多，有金砖、贡砖、城砖、券砖、斧刃砖、线砖、平身砖、望板砖、方砖、脊吻砖、刻花砖等。这些产品经过严格的检验，用黄纸封装，通过运河被运往京师。据《堂邑县志》记载，今临西县尖冢镇也有堂邑县属的窑厂。

馆陶亦为贡砖重要产地。今冠县北馆陶镇为明清时期馆陶县治所，距西北卫运河西岸只有二里之遥的东厂、西厂两个村，过去称"丘县厂"，是丘县（今邱县）租赁或购买烧造贡砖的原料或储存货物的"飞地"。21 世纪初，馆陶县文化部门在今魏僧寨镇东厂发现一批明代贡砖，印证了馆陶东厂、马栏厂村一带的"七十二皇窑"曾为明清皇城砖烧造地的传说和"先有馆陶砖，后有北京城"的民谣（见图 3.1）。清刘家善等修纂、光绪十九（1893 年）年重刻的《馆陶县志》第三卷"建置志"有以下记载："窑厂，在西卫河岸，系临清者凡三。南馆陶厂，系东昌府所属州县及平山等卫。马拦厂，在尖冢迤南，系广平府所属广平等六县窑厂，共十四座。后俱废，遗地共九顷三十一亩，民间佃种。拳儿寨厂，系广平府所属成安、肥乡二县窑厂，共八座。后俱废，遗地共十二顷七十亩，民间佃种。"以此计算，马拦厂砖窑面积应为 931 亩，平均每座窑厂占地 66.5 亩地，平均每县 2.33 座窑厂。拳儿寨皇窑群平均每座窑厂占地 158.75 亩，平均每县 4 座窑厂。

图 3.1　明清时期七十二皇窑遗址碑

（五）其他手工业

运河区域发达的水运网络直接推动造船技术的提高与造船业的兴盛。十六国时期，已经形成邺和冀州两处造船基地。公元 340 年，后赵具船万艘，自河通海，运谷豆千一百万斛于安乐城，以备征军之调。[①]　其他如粮食加工、陶瓷业等也都有相当程度的发展。粮食加工已开始使用水磨作为动力，这反映当时人们已经有意识地利用运河水力资源改进生产技术。

其他如贝州制毡业，沧州的柳编、苇簟等亦有悠久的发展历史。运河北部地区土地贫瘠，不适合农作物种植，当地农民多就地取材，从事柳条、芦苇编织。例如，永清县东部运河沿岸区域，"地土硗瘠多沙碱，不宜五谷，居民率种柳树……折其柔枝编缉柳器，无业贫民往往赖之"。河间府河间、青县等地农村普遍以编苇席为业，家家织工席。

三、河北运河区域经济的近代化转型

19 世纪 60 年代天津开埠以后，外国商品大量由天津港口进入华北内地市场，天津迅速成为中国最大港口城市之一。在西方商业文明的冲击之下，华北市场开始了近代化转型。随着城市规模扩大与城市功能转化，北京、天津形成

---

①　孙继民：《河北经济史（第一卷）》，348 页，北京，人民出版社，2003。

巨大消费市场，所需粮食、棉布及其他消费品，除少量来自江南与东北地区以外，主要由直隶本地供应。新式市场的形成直接刺激直隶商业贸易扩大，推动农业产业化发展。手工业在新式工商业冲击之下，亦出现新的变化。

（一）近代商业与市场的发展

开埠以后，天津与直隶形成港口—腹地贸易模式。运河沿岸粮食、棉花等作物沿运河大量运往天津转运出口，或供应新式工业生产。铁路建成以前，天津与直隶的港口—腹地贸易以及直隶内地各区际贸易主要通过南北运河与其他内河河流进行。南运河往北往东可至天津，南下可至直隶南部，延伸至山东境内。港口—腹地贸易格局使得运河沿岸水运港埠贸易随之兴旺。南运河（卫河）航线的沧州、泊镇、连镇、龙王庙等，均随水运的发展逐步成为本地区的工商业中心。民国《沧州志》载："至光绪年河运停止（指漕运），然民船往来有运输货物者，有乘载行旅者，皆以沧为营业中心。"①长途贸易更有发展。外销商品主要为沧州海盐及其他手工业品。沧州海盐产销旺盛，年产量为350万到360万斤，其中沧州本地销售约达半数，其余分拨到运河沿岸各县（如吴桥、东光、景州、河间、献县）销售。大量海盐亦沿运河外销山东、河南等地。② 近代运河区传统城乡集市贸易继续发展，数量增多，也更加频繁。以沧州盐山为例，咸丰以前为14处，同治年间为24处，光绪以后增至39处，商品经济发展较快。

清末新政时期，为鼓励新式商业发展，允许各地成立商会等新式商业组织（见表3.1）。1904年，天津商会成立，后改称天津商务总会。在其影响之下，运河沿岸区域城镇陆续建立商务分会或商务公所等新式商业组织，各分会均为天津商会成员，参加直隶商会组织。商会的出现，表明商业贸易形式已经基本完成近代化转变。"行会与商会结合的结果，不是商会迎合于行会的传统性，而是行会在商会和日益发展的资本主义社会环境的影响下逐渐向现代性过渡。"③

---

① 董丛林：《河北经济史（第三卷）》，191页，北京，人民出版社，2003。
② 天津市档案馆、天津社会科学院历史研究所、天津市工商业联合会：《天津商会档案汇编（1903—1911）》上册，951页，天津，天津人民出版社，1989。
③ 虞和平：《商会与中国早期现代化》，164页，上海，上海人民出版社，1993。

表 3.1　清末运河城镇商会设立情况表

商会名称	成立时间	总、协理	行业数	商号数
吴桥商务分会	1909	总理张崇岳	13	81
泊镇商务分会	1910	总理苏守慰	10	100
河间县商务分会	1910	总理冉汉文	23	120
大名府商务分会	1910	总理吴承泰		
任邱县商务分会	1911	总理李泽厚	21	94

资料来源：天津市档案馆：《天津商会档案汇编(1903—1911)》上册，279～280 页，天津，天津人民出版社，1989。

(二)近代植棉与手工棉纺织业的发展

19 世纪后半期起，在西方及城市棉纺工业的刺激之下，运河沿岸棉花种植扩大，棉花成为重要经济作物。前已述及，棉花自明代以后引入河北并逐渐成为当地主要经济作物，但所种的主要为亚洲棉。亚洲棉虽具有产量稳定、抗旱等优点，但纤维短，不适宜机纺，且产量偏低，不适应现代棉纺业对棉花的大量需求。清朝末期，光绪令农工商部考察欧美诸国棉花种植情况，之后提倡种植美棉。19 世纪末 20 世纪初，南运河流域所种棉花占直隶全省总产量的 14%，中棉与美棉各半。例如，河间府吴桥棉花约 2000 顷，业户 3 万余家[1]；年销售籽棉 60 万斤，皮棉约 10 万斤。[2] 南皮棉花种植 250 顷，每亩产棉 60 斤，以此计算，棉花年产量约为 150 万斤。[3]

民国以后，天津、唐山等地的民族棉纺织业开始起步并迅速发展，棉花市场需求大增。受此影响，运河区域棉花种植进一步扩大。据直隶省实业厅 1916 年棉产报告统计，该年御河棉区棉花种植 1088994 亩，占到农田总面积

---

[1]　天津市档案馆、天津社会科学院历史研究所、天津市工商业联合会：《天津商会档案汇编(1903—1911)》上册，951 页，天津，天津人民出版社，1989。

[2]　天津市档案馆、天津社会科学院历史研究所、天津市工商业联合会：《天津商会档案汇编(1903—1911)》上册，951 页，天津，天津人民出版社，1989。

[3]　天津市档案馆、天津社会科学院历史研究所、天津市工商业联合会：《天津商会档案汇编(1903—1911)》上册，951 页，天津，天津人民出版社，1989。

的 27.54%；棉花产量 56313145 斤，在直隶省棉花总产量中占比 30% 以上（见表 3.2）。其中又以河间、宁津、东光、威县、清河、南宫 6 县规模最大，占到御河区棉花总产量的 95%。御河区棉花为产业化经营，主要供应天津与济南棉纺工厂。卫运河区域棉花亦为最主要经济作物。20 世纪 30 年代，大名府南乐县与临漳一带以棉花为大宗土产。

表 3.2　1916 年御河区棉花种植统计表

县名	种植面积（亩）	产量（斤）
河间	20650	945200
宁津	35000	950000
东光	33220	1661000
威县	250000	25000000
清河	65000	8250000
南宫	340000	17000000
其他 16 县	345164	2506945
总计	1088994	56313145

19 世纪后半期，外国棉纺织品由天津向直隶市场渗透，运河区域传统棉纺织业受到冲击。至甲午战争前，全国洋布替代土布比率约 14%。民国初期，这一比率超过 38%。① 直隶运河区情况也大体如此。从时间上看，直隶运河区域所受冲击要晚于江南地区，大约始于 19 世纪末期。据记载，光绪三十四年（1908 年），河间等地民间织布主要购买日本洋纱。此时，传统手工棉纺其实有所发展，且随着城市市场的形成销路更广。大名府开州白粗布行销山西。河间府吴桥县手工粗布年销量达 15 万匹左右，销售地区为天津、山西等地。② 香河县土布业非常发达，为直隶及京津一带重要土布产地。据该县知县禀称，

---

① 许涤新、吴承明：《中国资本主义发展史（第二卷）》，963 页，北京，人民出版社，1990。

② 天津市档案馆、天津社会科学院历史研究所、天津市工商业联合会：《天津商会档案汇编（1903—1911）》上册，970 页，天津，天津人民出版社，1989。

香河民户总共约 4 万家，织布者几千户，每年土布织量在百余万匹。① 北运河一带有"宝坻大布窝，香河小布窝"的民谣。香河土布主要销往西北口，其次为天津、北京。20 世纪初期，香河开始仿造木机，开办绒巾手工工场。

周学熙 1903 年自日本考察归国以后，决意依照日本，发展直隶工业，在天津创办直隶工艺局，以官方提倡保护、民间自办的方式，培植民间创办实业风气，推进直隶新式工业发展。清末受直隶工艺局推动而创办的各种工艺局和罪犯习艺所约 112 家。② 运河沿岸区域，如沧州、交河、盐山、吴桥、河间、献县等，均创办了工艺局。

(三)新式产业的发展

20 世纪以后，随着资本主义民族工商业的发展，运河区域亦有新式产业投资，并获得相当发展。民国前期，虽有军阀混战的破坏和影响，但随着全国近代工业的发展和津浦铁路的运营，运河区近代工业有了初步发展。以沧州为例，沧州近代主要工业门类有制蛋业、面粉业、电灯业等。1915 年，兴建"益兴存"蛋厂(今桑园蛋厂)，日加工鲜全蛋 750 公斤。"益兴存"蛋厂发展迅速，仅十年时间，至 1925 年，产品即从鲜全蛋扩大到干蛋黄、干蛋白、盐黄、粉黄、蜜黄、蛋白粉等多个种类，日产量为 7500 公斤。③ 1924 年，沧县建立富利育记面粉公司，年产面粉 9100 袋。④ 1929 年，沧县兴建昌明电灯公司。津浦路通车之后，沧州制鞋业也得到迅速发展。七七事变前，沧州城内鞋店达 30 余家，占工商总数的 15%。⑤ 1929 年，沧州出现了采用机器生产的提花厂、织布厂和福利面粉厂。沧州的铸造、酿酒、皮革、建材、榨油、制

---

① 天津市档案馆、天津社会科学院历史研究所、天津市工商业联合会：《天津商会档案汇编(1903—1911)》上册，971 页，天津，天津人民出版社，1989。

② 董丛林：《河北经济史(第三卷)》，219 页，北京，人民出版社，2003。

③ 《沧州市志》编纂委员会：《沧州市志(第二卷)》，717 页，北京，方志出版社，2006。

④ 《沧州市志》编纂委员会：《沧州市志(第二卷)》，717 页，北京，方志出版社，2006。

⑤ 《沧州市志》编纂委员会：《沧州市志(第二卷)》，717 页，北京，方志出版社，2006。

盐、日用轻工化工等也有一定的发展。①

七七事变后，沧州经济遭到极大破坏。农产品产量大幅下降。1940 年粮食总产仅为 165 万斤，油料总产不足 9 万斤，棉花总产 4 万多斤。全境人口只有 260 万人，比 1937 年减少 40 万人。② 大多数民族工商业破产倒闭。1938年，八路军在沧州东部和西部建立了两个根据地，在同侵略者进行军事斗争的同时，恢复地方经济，并成立了一些军工和公营经济机构。通过减租减息、合理负担，社会逐渐趋于稳定，经济有所恢复。

中华人民共和国成立之初，在人民民主政权的领导下，沧州经济虽有一定恢复，但因旧制度的长期影响，加之战争的破坏，发展基础仍然十分薄弱。农业方面，生产条件差，无抗御自然灾害的能力。工业方面，只有桑园蛋厂、富利育记面粉厂具有一定规模，其他基本为手工作坊式生产。1949 年，沧州仅完成国内生产总值 1.49 亿元，人均 45 元；粮食总产 53.5 万吨，平均亩产不足 34 公斤；全部工业总产值 581 万元。③ 中共沧县地委、沧县专署及县乡各级人民政府按照中共中央、中央人民政府和省委、省政府的一系列工作部署，通过抓恢复、抓改造、抓调整、抓发展，大力发展国有与集体经济，大搞农田水利基本建设，大办工业，经济逐渐得到恢复。

运河沿岸其他城市亦有近代产业出现。民国初期，东光有较大型棉籽榨油厂 11 家，资金 15 万银圆。肃宁、河间等地建有首饰行，兴济建有 12 家毛鬃加工企业，泊头、交河生产的土布、线带、头绳等远销山东、北京等地。一些县相继出现铸铁、锻造、食品等工业。泊头素有铸造传统，19 世纪末期，这一传统技术开始向近代经营模式转变，以机器生产替代手工工艺。民国时期，泊头市内较大铁厂有公记、文兴源、益兴源等，铸造农具、锅、机件毛坯等铁制品，年铸造量为 100～150 吨，成为铧炉与翻砂工业最早发展地区。20 世纪三十年代，交河县经营生铁厂户数达到 600 余户，设立铁厂 200 多家，

① 《沧州市志》编纂委员会：《沧州市志（第二卷）》，717 页，北京，方志出版社，2006。

② 《沧州市志》编纂委员会：《沧州市志（第二卷）》，717 页，北京，方志出版社，2006。

③ 《沧州市志》编纂委员会：《沧州市志（第二卷）》，717 页，北京，方志出版社，2006。

从业人数有 4000～5000 人。泊头人也纷纷到外地经营铁器铸造，于各地设立生铁厂 200 多家，工人达四五千，资本达 300 多万元，执河北省冶铁业之牛耳。① 泊头铁厂遍及北方各省商业市镇，"皆设于繁华商埠，如平津以及东北三省，豫晋绥各省无不有交河人之铁厂在焉"。另有大量不设固定营业，游走于各乡的技术工匠。泊头其他近代产业有火柴、电灯等。② 总体而言，运河区域近代发展程度较低，企业规模较小，远逊于天津、唐山等大城市。

永华火柴厂为泊头近现代具有标志意义的企业，颇值一提。该厂厂址设于泊镇，即今泊头市，占地 12 亩，初有公积金 10 万银圆，职工 280 多人，日产硫化磷火柴 30 件。③ 初期，火柴厂受到官僚资本排挤，经营艰难。后以同乡关系，邀请北洋军阀冯国璋入股。在冯国璋的支持下，永华火柴厂迅速成为北方卓有影响力的火柴企业。抗日战争期间，泊镇被日寇占领，火柴厂也被日本人接管。日寇投降以后，国民党委派徐春霖接收泊镇。解放战争期间，火柴厂陷于困顿，乃至停产。在解放区政府的大力支持下，永华火柴厂在 1946 年 12 月 1 日复工生产，并在 1948 年 2 月 1 日与冀中行政公署正式签订公私合营的协议书，成为晋察冀边区乃至全国最早的公私合营企业之一。公私合营后，火柴厂得到迅速发展，仅 1948 年就盈利 34 亿多边币，后来又通过冀中实业公司先后投资建成了辛集化工厂、河间面粉厂、高阳染织厂等企业，被冀中行政公署誉为"母鸡工厂"。

(四)农村合作事业的肇始

20 世纪，随着民族资本主义的发展，城乡市场体系的形成，农村经济长期呈现衰退趋势。河北运河区域因土地贫瘠，贫困化程度较其他地区为甚。据统计，1923 年，盐山县 150 户农户家族平均收入仅 135 元，低于农家最低生活标准(根据华洋义赈会农村调查结论，农户最低生活标准每年应为 150

---

① 徐纯性：《河北城市发展史》，354～355 页，石家庄，河北教育出版社，1991。

② 《沧州市志》编纂委员会：《沧州市志(第二卷)》，717 页，北京，方志出版社，2006。

③ 《沧州市志》编纂委员会：《沧州市志(第二卷)》，717 页，北京，方志出版社，2006。

元）。① 为缓解乡村危机，有识之士开始将西方信用合作经验介绍到中国。1923 年，华洋义赈会以直隶赈灾余款为底款，在河北进行农村信用合作试验。1923 年 6 月，香河县城设立香河第一信用社，为中国信用合作之始。之后信用合作社在各县迅速推广，至沧县、安平、河间、献县等地。华洋义赈会指导之信用合作社借款违约率几近于零。因河北信用合作经验的良性运行，20 世纪 30 年代以后，国民政府将信用合作组织视为解救农村危机良方，由政府组织，向全国推进。运河沿岸地区先后由河北省政府、华北农村合作事业委员会等官方机构组织设立信用合作事业。

四、运河商城

在农业社会，运河是南北货物长途运输的主要通道。运河沿岸即贸易繁盛区域，催生出大批商镇。自曹魏时起，邺地就是北方经济中心，商贸重镇。隋唐大运河开通以后，尤其是元明清定都北京，河北运河成为南货进入京师的必经之路，商船云集，物流发达。大名、沧州、泊头等大批商镇相继兴起，形成源远流长的运河商业文化。

（一）邺　城

邺城位于今河北省临漳县西南部，与河南安阳交界地带，为河北最古老的运河商城。邺城又有邺北城与邺南城之分。邺北城始建于春秋齐桓公时，战国初期为魏国所辖，因位于黄河以西，故名"河内"。之后该地先后归属赵国、秦国。秦汉时期均在邺城置县级行政机构。东汉末期，邺属冀州，为冀州治所。曹操消灭袁绍势力之后，将王都迁到邺城，辖冀州十郡，同时开始进行大规模营建，修筑社稷、清庙等标志性建筑，另筑金凤台、铜雀台、冰井台。除了在城内大兴土木之外，曹操另以邺城为中心，在河北平原开凿白沟、平虏渠、泉州渠、新河、利漕渠等人工河道，连通黄河、漳河、滹水和淇水等天然河道，形成四通八达的水运网。

曹魏时期，社会安定，加之水利工程的修建，交通便利，商业复兴，邺地迅速成为北方乃至全国经济中心。邺城专门设有贸易市场，各类商品交易

---

①　张镜予：《中国农村信用合作运动》，5 页，上海，商务印书馆，1930。

频繁，四民辐辏，商贾云集。十六国时期，商业有进一步发展。后赵时期，邺城设有平乐市、建康市，襄国(今邢台)也设市场。北魏后期，邺城的商业地位可与洛阳相提并论。

曹魏所筑邺城城垣，东西七里，南北五里。外城七门，内城四门。一条东西大街将城分成南北两区，北区中部建有宫殿、衙署，东部设戚里(贵族、皇戚居住区)；西部置铜雀苑。苑西北隅以城墙为基筑三台，台南设武库和马厩。南区是商业、手工业居民区。整体布局中轴对称，结构严谨合理，开创了都城建筑格局的先例。后赵开国皇帝石勒虽居襄国，仍派员营建邺宫。公元334年，石虎迁都邺城。在位期间，石虎征发40万人修建宫室和三台，还移洛阳钟虡、九龙、翁仲、铜驼、飞廉装饰邺城。城墙用砖砌成，百步即建一楼。建太武殿，基高二丈八尺，东西七十五步，南北六十五步，石料砌墙，金为柱，银为楹，珠作帘，玉作壁。建东西二宫、九华宫。新起台观40余所，供游乐玩赏。征调近郡男女16万人，车10万辆，建华林苑及长墙于邺城北。

北魏分裂以后，东魏迁都邺城，迁徙40万户军民。另在邺城南面修建邺南城。邺南城城垣东西六里，南北八里六十步，建十四门，交通更加方便。城南区增设东市、西市，扩大了商业区。高欢死后，其子高洋继位，改国号为齐。高洋为追求享受，继续对邺南城进行大规模修建，极尽奢华。[①] 580年，北周大将杨坚谋逆，火焚邺城。之后，邺城逐渐丧失经济地位。

(二)大　名

大名隶属河北省邯郸市，位于河北东南部，冀鲁豫三省交界处。春秋时，大名地区初属卫国。卫成公三年(前632年)，大名地区为晋国占领。"大名"之称谓与"魏"相关。据《左传》《史记·晋世家》记载，献公十六年，魏国为晋国所灭，晋献公将此地赐给毕万。晋国掌卜大夫卜偃进行占卜，卜辞言："毕万之后必大。万，盈数也！魏，大名也！"之后，魏地改名"大名"，取兴旺强大之意。三家分晋后，大名属魏国，魏武侯以此地为别都。大名后为魏公子元的封地，建元城县。北周大象二年(580年)分相州置，治贵乡县(今大名城

---

① 范文澜、蔡美彪：《中国通史(第二册)》，640页，北京，人民出版社，1978。

东北之北沙庙)。隋文帝开皇六年(586年),从元城县分一部分建马陵县(今河北省大名县境),大名府境属魏州。隋炀帝大业三年(607年),"罢州为武阳郡"①,治所在元城县。唐高神武德四年(621年),恢复魏州名称。唐代宗广德元年(763年),为收抚安史余众,设魏博节度使,治所位于魏州,为河北三镇之一。唐代后期,魏州一直为魏博镇首府,且在河北诸藩镇首府中规模最大。唐德宗建中三年(782年),田悦僭称魏王,为取吉兆,把魏州之"魏"改为"大名",把魏州之"州"改为"府"。"大名府"的名称由此而来。

魏州兴盛始于永济渠的开通。隋永济渠开通以后,魏州成为大运河重要码头。就地理位置言,魏州虽非位于永济渠的南口,却可控制永济渠的全流。循永济渠而下,就能直达永济渠终点幽州。除去水路以外,魏州陆路交通也很便利。魏州之西为相州(治所在今河南安阳),西南为卫州(治所在今河南卫辉),西北为沼州(治所在今河北永年东南)。相、卫、沼三州都是太行山东麓南北道路必经之地,魏州可借此三州与交通要道相通。魏州和军事重镇幽州亦有道路相通,且中间经贝州(治所在今河北清河)和瀛州(治所在今河北河间),均为运河码头。故此,魏州成为当时河北地区南北水陆交通枢纽,亦为南北货物运输的中转码头。

唐高宗永徽年间,魏州刺史从永济渠开挖河道,引水入新市(今河北大名),以便利商船进入城区,"控引商旅,百姓之利"。据《新唐书》记载,唐开元二十八年(740年),州官"徙永济渠,自石灰窠引流至城西,注魏桥,以通江、淮之货"。又在河道两岸修筑仓库,以方便储存货物,为商业贸易奠定了良好的经营环境。南方商船装载各种货物,云集大名,再转运至北方各地。"江淮闽蜀之货,往往远者万里,近者数千里。"②因便捷的交通条件与商业环境,魏州取代邺城与邯郸,成为河北南部的经济文化中心。"河朔之州魏为大。"李白游历河北,留下了"魏都接燕赵,美女夸芙蓉。淇水流碧玉,舟车日奔冲。青楼夹两岸,万室喧歌钟"的诗句,形容魏州的繁华景象。唐玄宗时,将河北道采访使汉所迁至此地,魏州进一步成为政治中心。唐代魏州城区方圆达80里,人口众多。《旧五代史》卷六九《王正言传》载:"魏博六州户口,

---

① (唐)李吉甫:《元和郡县图志》,447页,北京,中华书局,1983。

② (明)顾炎武:《天下郡国利病书》卷五,光绪铅印本。

天下之半。"可知其无论面积、人口还是经济发展程度，均为河北之首，在全国亦可算得上大规模都市。

魏州的经济政治地位至五代时期进一步提高，后唐、后晋、后汉、后周四个政权先后以魏州为陪都。公元 923 年，李存勖即位，建后唐，年号同光，建国都于魏州（今河北省大名县境），都名东京，升魏州为"东京兴唐府"。同光三年（925 年），改东京为邺都。同年三月，又将魏州改为邺都，与北都并为次府。后晋天福元年（936 年）十二月，改兴唐府为广晋府。后汉乾祐元年（948年）三月，又改广晋府为大名府，治所位于元城县。将广晋县改为大名县，这是以"大名"为县名之始。

北宋时期，为防御北方辽国威胁，采取东、西、南、北四京制，以东京开封府为首都，另置北、西、南三京，其中北京即在大名府，被视为与辽对峙的前沿阵地。北宋时期，大名府城区面积方圆 48 里 206 步，人口约 57万[1]，已经算得上是大都市。大名府城"上水关曰善利，下水关曰永济"[2]，即御河穿越府城西北部的二水关。大名府设有军资库，专设监军资库一员负责管理。自隋朝开永济渠，大名府一直是漕运沿线重要的物资集散地和粮储中转站，御河"穿北京城中"[3]。漕粮自江淮转运，由汴河入黄河，运至黎阳仓（今河南浚县）或大名府马陵道口下卸，转入御河，再运至大名府城中东、西济胜仓下存储分配，由大名府顺御河转入胡卢、滹沱河及新开凿的深州新河、定州嘉山新渠、保州漕河诸运河，分别送至沿边州军，岁运近百万斛。建炎二年（1128 年）冬，金军攻克大名府，曾一度将大名作为都城，后改称山东大名路。

元朝时，此地属中书省大名路，至元二年（1265 年）曾将元城县并入大名县，不久，复置元城县，元城、大名两县均隶属大名路总管府。元廷曾在全国十个重要的地方设置官医提举司，派遣医官到各地主持卫生工作。河北大名即其中一处。由此可见，沿运河城市不仅是当地的商业中心，也是财政中心和文教卫生中心。元代对京杭大运河进行裁弯取直，京杭大运河不再经大名，大名丧失水陆交通地位，战略地位也随之下降。明初 1401 年，元城县被

---

① 李治亭：《中国漕运史》，183 页，北京，文津出版社，1997。

② （元）脱脱等：《宋史》，2105 页，北京，中华书局，2011。

③ （元）脱脱等：《宋史》，2355 页，北京，中华书局，2011。

漳、卫洪水淹毁，之后渐趋衰落。

(三)沧 州

沧州东临渤海，华北平原多条河流经此入海，为"众水所归，九河会聚"之地。其名"沧州"即意为沧海之州。因城内有铁狮子，故又有"狮城"雅称。春秋时期，齐桓公曾于此筑南皮城。自唐至明初约700年间，沧州治所一直位于长治。明永乐登基之初，因大运河便利的运输条件，将沧州治府迁至长芦镇，即现在的沧州市区。天顺五年(1461年)，沧州知州贾忠在运河东岸建成一座新城，即今沧州市。此后，沧州治府未再发生变化。从这个意义上说，沧州乃因运河而生。

沧州段运河最早开凿于三国时期，为曹魏平虏渠，隋代在此基础上进行疏浚。宋代称御河、卫河，元代以后称南运河段。自秦汉时期，沧州就是北方重要产盐区。曹魏时期运河的开凿，为沧州海盐运销提供了极大便利，也促进了沧州盐的产业化生产。沧州的铸造技术相当发达，铸于后周广顺三年(953年)、重约40吨的铁狮子是当时铸造业之鼎盛的见证。隋统一中国后，鼓励生产，鼓励增殖人口和流民返籍，精简地方行政建制，开永济渠，引沁水南达于河(黄河)、北通涿郡，客观上为青县、兴济、沧县、连镇等一批城镇的形成和经济发展奠定了基础。唐朝薛大鼎修治无棣河，疏通长芦、漳、衡三渠，用于排水灌溉和运输鱼盐等。短期内，沧州人口增至16万户、79万人。沧州、瀛州成为重要城市。唐朝中期，沧州已发展到22万户、152万人，农业、手工业、商业、盐业全面发展，经济繁荣，人称"横海雄镇"。朝廷在沧州征调大批军粮。此外，沧州枣树种植唐时已有相当规模。刘长卿语云："行过大山看小山，房上地下红一片。"潘镛在《隋唐时期的运河和漕运》中称沧州为"永济渠的都会之一"。

北宋时期，河北地区战乱不断，但战争间隙，沧州商贸仍较繁荣。民国《沧县志》记载，在旧城(今沧县东关)开元寺北有铁钱库，钱文皆宋崇宁、大观、政和、宣和，是为沧州宋代经济发展的实证。宋金时期，沧州还是重要产粮区。宋朝御路自开封经大名，至三关入辽地，瀛莫二州(莫州即今河北任丘)最为冲要。运河之上千樯万艘，舳舻相接。熙宁年间，天下酒课10万贯以上的城市仅四个，沧州为其一。

元代至明初，沧州多经战乱，经济遭受毁灭性破坏。"靖难之役"后，沧州人口锐减，商业停顿。明廷为巩固统治，复兴北方经济，自洪武四年至永乐十八年(1371—1420年)，多次诏迁山西、山东、河南等地移民来这里占地立庄，给钞置牛、种、农具，发展生产，疏浚河道，兴修水利。明代迁都北京以后，沧州运河穿境，有"水旱码头"之称，地处京畿，为漕船进京必经之地。"其地北拱幽燕，南控刘鲁，东连渤海。"①便利的运河交通与有利的地理位置，使沧州商业进入全盛时期。沧州段运河上商船往来不断，沿岸兴起了一批以码头经济为主的城镇。南北商船穿梭于运河，南北物资集散于各港口，本土产品也借南北商船销往国内外市场，商品经济达到鼎盛。清代，沧州城内已是商铺林立，钱庄等金融机构亦已普遍，形成成熟的商业布局。当时比较繁华的商业街市，如竹竿巷、盐场、锅市街、钱铺街、书铺街、当铺胡同、缸市街等，以经营商品名称命名，可知当时已形成专业化经营。围绕发达的商业市场，服务业(如旅店、饮食、装卸)也繁荣起来。

沧州自古为盐业重镇，明清时期借运河之便，盐业更趋兴盛。永乐元年(1403年)，在长芦盐区设置长芦盐运司，职掌长芦盐政，统一管理南起河北海兴，北至山海关的长芦盐区。长芦盐区长达1000里，而长芦镇(今沧州)位居中间，成为盐业生产运销中心。明代对盐业生产实行官方垄断，但允许商人参与销售。盐业带动了沧州商业的全面发展，其他商品贸易亦随之兴盛。《沧县志·礼俗篇》载："当长芦盐运使驻节之时，鹾商麇集于此，文绣膏粱，粉华奢丽，商业繁荣，非他处所及。"②沧州盐主要销往豫北、晋东。除盐以外，沧州土特产品，如小枣、鸭梨、冬菜、猪鬃等，亦借运河之利、商业之旺声名远播，不仅广销国内，在国际市场上也占有一定地位。康熙年间，沧州经济曾因长芦盐运司移署天津，失去盐业支撑而短暂冷清，但随即因开海政策重现生机。开海以后，沧州凭借近天津、临运河之便，南可通达东南诸省，东北直入天津港，大批外国商品与内地土特产品经沧州进出天津，使沧州贸易得到多元发展，焕发出新的生机。各类商品经码头商镇转运乡间，带动了乡镇贸易的兴盛。康熙至雍正年间，沧州运河沿岸8镇集市贸易达上百

---

① 张坪：《民国沧县志》(影印)，5页，上海，上海书店出版社，2006。
② 李学通：《运河与城市》，86页，石家庄，河北人民出版社，2012。

个，可知其繁盛。

鸦片战争以后，随着通商口岸的开放，海禁被彻底打破，洋货大量通过天津口岸涌入内地市场。沧州得"近水楼台"之便，迅速成为新兴商贸城市。"综全城内外，各街市成为一大集。城厢每日一集，市痁林立，百货充盈，凡人生日用之种种物品无一不备"，形成独特的"城厢经济"。大体而言，清末沧州城分七个集会区域：城厢、南门内、东门内、北门内、西门外、小南门内、文昌阁后。小南门因靠近运河码头，搬卸便利，成为商家最理想的经营场所。直至今天，小南门仍然是沧州最热闹繁华的商贸区，且于繁华之中又增加了规范化、时尚化、现代化的建筑风格。

20世纪60年代以后，因上流水源断绝，南运河逐渐干涸，沧州航运事业停顿，运河商业文化成为历史记忆。沧州运河自曹魏肇始，明清达于鼎盛，近代以后逐渐衰落，历时1700余年，沉淀了丰富的运河文化。沧州经济、人文无不与运河相关，可以说，运河塑造了沧州。沧州文物古迹多集中于运河沿岸或附近区域，成为沧州的文化象征。著名的如沧州文庙、清真寺、水月寺、小南门、正泰茶庄等。

改革开放以后，沧州经济复兴，运河文化的保护传承日益受到重视。自20世纪80年代起，政府投入大量资金与人力，对沧州运河建筑进行修缮和重建。进入21世纪，政府开始进行河道疏浚与景观带施工。2017年2月，运河景观带(一期)河道整治工程开工，河道整治工程从黄河路到王希鲁闸，全长4.13公里，建设内容主要为河道清淤，浅水湾开挖，滨水设施(码头、木栈道、亲水平台)，岸坡防护，滨河步道，景观桥工程。"运河景观带二期改造规划方案"已经通过市规划委员会审批，立足沧州文脉和场所特征，在充分保留场所底蕴的基础上，希望复现沧州历史记忆，再现老城故事，形成人文鼎盛、大气质朴的沧州印象。

(四)泊 头

泊头市位于河北省东南部，市区横跨京沪铁路和南运河，下辖河东、解放、鼓楼3个办事处。泊头历史上称新桥镇，属交河县，曾先后归河间、瀛州、献州等管辖。因其为运河码头，俗称泊头，明代正式改称泊头镇。清代以运河为界分隶于交河、南皮两县，隶属河间府。民国初年，交河县隶属津海道。1928 年以后，交河县隶属河北省。1938 年，交河县抗日民主政府成立，属冀中区第一专区。1946 年，泊头从交河、南皮两县析出，单独建立泊头市，直属冀中区行政公署。1949 年以后，泊头曾并入交河县，改隶天津市。1982 年恢复泊头市，次年撤销交河县。1993 年沧州地、市合并后，泊头改属沧州市。

　　泊头运河开凿历史可溯至曹魏时期。曹操于 204 年所开之平虏渠，即经过泊头。隋朝开通永济渠，泊头成为重要码头。元代定都大都以后，河北运河漕运进入兴盛时期。据嘉靖《河间府志》记载，泊头所处地域，东有运河"以通苏门、获嘉、新乡、卫州、黎阳、汲县、磁州、洺州之馈"，西有衡水（今滏阳河）"以来献州（今泊头与献县）、清州之饷"，水运极为便利。得漕运之便，泊头至明代发展为商业市镇。民国《南皮县志》称："运河开通后，运输便利，犹易发达商业；就泊头镇一处而言，两岸商贾云集，为数百里所未有，皆此河之功也。"大定二十一年（1181 年），曾一次性通过运河经恩、献向京城运送粟粮百万石。河北运河漕运兴盛带动起泊头商业的发展，新桥镇的设置即为当时商业发达的明证。

　　泊头之兴亦得利于驿站之设。驿站为我国古代中央政府与地方各省政府之间进行公文、通信传递的重要设施。驿站制度至明清时期已非常完善。全国各水陆交通要道均设有驿站，驿站又分为陆驿与水驿。因运河之便，沧州运河沿岸密集设立水驿，主要有青县流河驿、交河县新桥驿、吴桥县连窝驿、沧州砖河驿、兴济县乾宁驿等。其中规模最大、商业最发达的当属交河县新桥驿。新桥驿俗称泊头驿，设于明洪武二十二年（1389 年），后又设泊头镇，并修筑土城。同年将河间通判署移到泊头，管理天津至德州的运河漕运。《读史方舆纪要》记载："泊头镇，县东五十里卫河西岸，商贾凑集，筑城于此，管河别驾驻焉，有泊头镇巡司。"[①]

　　水驿之设使得泊头漕运地位更加重要，吸引各地工匠与商帮来此进行商业活动。从一些回族谱牒中可以看到，明初有大量回族居民从南京迁到泊头从事商业活动，晋商商帮也开始涉足这一地区。明中期，有山西大商人由开封迁到泊头经商。明代礼部尚书、泊头人余继登称"镇市租输于郡（河间府）者

---

① （清）顾祖禹：《读史方舆纪要》，561 页，北京，中华书局，2005。

岁数百金，其它供应几当郡之半"，泊头的繁华程度可见一斑。清代，虽然河漕因海运开通运量下降，但清中期运河漕运量仍在 9000 艘左右。且清代商业政策宽松，商业贸易实较明代发达。民国《交河县志料》载，清代运河"船艘密布，多如过江之鲫"。泊头位居运河要冲，进一步发展成为商业巨镇。泊头变成河间府的手工业与商业中心，国家重要战略物资的转运站和民间物资的集聚辐散地。"泊头东西两岸殷实，商号不下千余家，轮舶辐辏，阎阎填盈。""商业繁荣为数百里所未有。"据考察，清中期以后，泊头码头停泊和过往的粮船最多时一次达 50 帮，计 2400 只。① 由泊头装船的粮食辗转销往天津、营口、济南、泰安、上海等地。其他如竹制品业、杂货业等也趋向兴盛。咸丰三年（1853 年），为防御太平天国北伐军，商人集资办团练，仅木商温应昌等人就雇佣团丁千余人，可见木商资本的雄厚。在商业兴盛的同时，泊头围绕商业的服务行业，如陆路运输业、短途搬运业、银钱业、旅店业、栈场业也迭次兴起，形成了以商业为轴心的经济体系。商业发展促进本地农产品商业化经营，至清代，泊头梨成为当地农产品商品化的代表，泊头亦成为重要的梨产区和运销中心。纂修于明景泰天顺年间的《天下一统志》称："梨，亦称香梨，交河县出。"这说明当时泊头一带的梨已成为名产。从《河间府志》的记载看，清代泊头的梨栽培业已形成单一的生产门类，有植树上千株的梨园，有专门的梨农，梨的销售遍于各大商业都市。

清末运河官漕废止以后，商业运输反而因天津开埠更加兴旺。泊头邻近天津，商业贸易继续发展。《交河县志料》载，清代运河"川产广产之运输，海货洋货之兴贩"，"泊头实当其冲"②。泊头交易货物大量源自四川、两广，且洋货大量充斥，商业贸易范围更为广泛，开始向近代化市场转变。运河南通江湖，清末修建津浦铁路，在泊头设站，且泊头站"为天津济南间大站之一"。20 世纪 20 年代以后，又有多条公路通过泊头境内，泊头成为水路、铁路、公路交汇的大型交通枢纽。因交通地位重要，现代通信设施陆续于泊头设站，清末先后有邮政局、电报局的设立，1928 年南京政府又于此设置电话局。至20 世纪 30 年代初期，泊头的邮电局所已有 11 处之多。③ 七七事变前，泊头

---

① 徐纯性：《河北城市发展史》，351 页，石家庄，河北教育出版社，1991。
② 范凤驰：《泊头文化志》，570 页，北京，中国档案出版社，2009。
③ 徐纯性：《河北城市发展史》，352 页，石家庄，河北教育出版社，1991。

人口达到 16000 余人，商业发达，有各类商号 300 余家，成为南运河畔著名商镇。① 因其地理位置与交通条件，近代以后，泊头与天津的商业联系日益紧密，逐步成为天津的附属经济城市和天津与冀中南、鲁西北地区之间的居间贸易城市。宣统二年（1910 年）四月，天津商务总会泊头分会建立，入会商号 100 余家，包括 10 个行业。南方沿运河北上的货物一般"以泊头为讫点"，由此销往冀中、冀西。来自天津的工业品则由此销往冀南、冀中，乃至山西东部及河南北部某些地区。

20 世纪以后，泊头以本地水果种植为基础，发展果品市场，逐渐成为干果集散地和国内最大的鸭梨输出城市。清末泊头农村的梨树种植达 5 万亩左右，在当时河北地区的梨产量中占 15%。每至秋季，泊头鸭梨，附近献县、乐陵的梨枣，以及泰安、顺德（今邢台）的干果等，聚集于泊头，由商人转运至天津、北京，南至上海、广州等大都市。泊头鸭梨还经天津转运至东亚与东南亚等国外市场。"天津鸭梨"在国际上声名远播，产地实为泊头。运河水运还滋生出养船业。农业经济时代，码头附近居民多以家庭或家族为单位，专门从事船运与船业维修。《泊头市志》载："市境内有朵、曹、石、李四姓养船。"据调查，还有穆姓人家，养有两条 150 吨的大船，后因运河淤积严重，加之来水减少，改至天津从事海运业务。

20 世纪后半期，因南运河河道干涸，泊头运河逐渐丧失水运价值。21 世纪以来，随着中国经济的高速发展，公众休闲、娱乐、观赏需求上升，运河文化产业带建设日益受到中央及地方政府重视。泊头市开始兴建大运河景观带项目建设工程。运河景观带从裕华路运河桥到北环运河桥，工程全长约1900 米，总占地 56.9 公顷，总投资 1.06 亿元。场地分为运河文化展示、滨河休闲、苗圃观光、风貌保护区等 6 个功能区，景区内安放了 26 组展示古运河文化的雕塑。如今，大运河景观带绿树花海掩映，栈道、文化墙、环形桥交织、雕塑、景观小品点缀其中，加之旅游标识牌的规范制作、合理摆放，已从市民健身娱乐的场所成功转型为文化休闲景点，成为普及与发扬运河文化的桥梁。

---

① 河北省泊头市地方志编纂委员会：《泊头市志》，58 页，北京，中国对外翻译出版公司，2000。

长期与运河相依，泊头形成了贯通南北、融会东西、包容开放的运河城市文化，打造出诸如泊酒、泊梨、泊铁、泊火等具有全国知名度的产品。当今，泊头占环京津、环渤海之便利，距塘沽港 180 公里，距黄骅港 80 公里，京沪铁路、石黄高速、京沪高速、104 国道、106 国道穿城而过，省、县、乡镇道路如网似织，机场、港口百里之遥，是全世界沿海高速公路最密集的地区之一。发达的交通使泊头成为联系世界的纽带。泊头工业基础雄厚，主要有三大支柱产业，包括铸造产业、汽车模具产业、环保产业，此外还有机械、纺织、服装、化工、电子等，门类齐全。泊头已经形成了铸造、汽车模具、环保、果品业四大特色产业。泊头的农业以种植业为主，林业、渔业、畜牧业全面发展。

第二节　当代河北运河区域特色产业

在现代交通飞速发展的今天，运河已失去历史上的运输地位。河北运河沿岸县市依托其靠近京津、邻近渤海的区位与市场优势，借助发达的铁路、公路等现代交通体系，以本区域传统经济产业为基础，结合本区资源条件，发展起适合本区域的现代特色产业。

一、河北运河区域传统特色产业的现代发展

河北运河沿岸区域在两千年的水运经济发展历史中，因时因地形成独具特色的产业门类。20 世纪 80 年代以来，在经济改革与现代化发展潮流中，运河区域传统产业完成了产业化与现代化生产转型，在新的经济时代焕发出旺盛的生命力。

(一)沧州金丝小枣

金丝小枣是沧州市的传统优势产品，有 3000 多年栽培历史。如今，沧州市已发展为中国"金丝小枣之乡"。1949 年以后，在政府的鼓励之下，沧州小枣种植规模不断扩大。20 世纪 80 年代以前，沧州金丝小枣出口量占全国枣类出口量的一半以上，享誉东南亚乃至世界。2017 年，全市枣栽培面积达到 144 万余亩，分别占河北省和全国种植面积的 44％和 14.4％，年产量 3.75 亿

斤，分别占河北省和全国红枣产量的 43.2％ 和 14.6％，年产值 7.4 亿元。[①]
沧州小枣主要分布在沧县、河间、献县、泊头、青县、盐山、南皮等县(市)，
以沧县为主产区。沧州金丝小枣主要品种有 20 多个，其中大长身、小长身、
大圆身、小圆身这四个品种占 99％。在结果树中，100 年以上的占 4.4％，
50～100 年的占 30％，15～50 年的占 57.6％。沧县还建有红枣良繁基地，占
地 300 亩，收集了很多红枣优良品种。

改革开放以后，沧州小枣走上产业化发展道路，形成枣农生产—工厂加
工—市场出售的产业模式。除原果外销以外，沧州还积极发展枣品加工业，
如蜜枣加工、枣汁加工等。随着现代信息技术的发展，沧州小枣注重利用现
代网络技术进行宣传销售，使得枣业发展空前加速。2000 年，沧州市率先创
建了中国第一家专业枣类商务网站——中国枣网，现已有注册商户 2 万余家。
网络宣传和信息交流促进了名优果品的产品销售。2009 年，小枣主产地崔尔
庄设立红枣交易市场。该市场利用现代化网络技术，为枣交易提供网络销售、
经济信息咨询、中介代理等服务。经过几年发展，2017 年年初，崔尔庄市场
交易额达 380 多亿元，成为全国最大红枣交易市场。其销售范围由主要面向
国内销售，进一步拓展到东南亚、东亚，有些产品开始进入欧美市场。

(二)泊头鸭梨

泊头因土地盐碱化严重，自古有种植果树传统。现代农业发展仍沿袭这
一传统模式。中华人民共和国成立初期，泊头鸭梨种植面积 800 公顷，年产
鸭梨 400 万公斤，占河北省梨果总产量的 30％。改革开放以后，泊头鸭梨走
上产业化发展道路，种植面积不断扩大。1991 年 8 月，泊头举办首届鸭梨节，
全国政协副主席王任重题词赞誉"中国鸭梨第一乡——泊头"。2016 年年底，
泊头鸭梨种植面积达 25 万亩，产量 50 万吨，收入 7.8 亿元，占全市农业总
产值的 36％，成为全市第一大支柱产业。

泊头鸭梨经过长期探索实践，逐渐形成种植规模化、生产标准化、服务
网络化、经营产业化、销售品牌化的发展模式。泊头实施"东部高标准果园"

---

① 闫哲杰、王钰祺、刘坤：《新时代农业背景下的金丝小枣振兴之路》，载《中国市
场》，2018(16)。

战略，推动果品产业集约化、规模化发展，率先在全省实施标准化果园建设，推广鸭梨生产"六统一"（统一修剪、统一肥水、统一疏花疏果、统一套袋、统一病虫防治、统一采摘）管理模式，维护"龙头企业＋合作社＋基地＋科技＋农户"五要素捆绑机制的运行效果。泊头市政府坚持"服务企业、服务果农"的理念，从人员、机构两方面入手，强培训，促创新，着力打造"人员到户、技术到家"的技术服务网络，每年培训果农都超过 2 万人次。近年来，泊头先后培育出"泊洋""金马""玉娇""亚丰""Tiger"这 5 个河北省著名商标。目前，全市有鸭梨销售企业 20 余家，有与梨果相关的较大规模的农民专业合作组织 50 余家。

(三)泊头传统铸造业

中华人民共和国成立以后，泊头以其传统铸造技艺为基础，大力发展机械铸造工业。计划经济时期，泊头以制造水泵、水车等农机设备为主，从事铸造业的人数达到 8 万多人。邯郸、邢台的钢铁基地上马以后，其配套机件设备，如大口径阀门、大型焦化炉、门炉框等主要由泊头承接制造，泊头铸造也借此形成生产机械设备、仪表、通用机械、汽车配件等全方位的现代化生产模式。

改革开放以后，泊头铸造进入快速发展时期，衍生自传统铸造业的汽车模具产业发展得尤为迅速。泊头汽车模具产业无论是整体规模、研发能力，还是市场空间、发展速度，都已成为在国内具有较高知名度、集群效应明显的产业团队。2004 年，泊头被授予"汽车模具之乡"称号。泊头现有汽车模具企业 28 家，占全国汽车模具企业总量的 25％。目前，全市以中档汽车模具生产为主，既能为中轻型皮卡、SUV、面包车等汽车生产厂家提供整车覆盖件冲压模具，也能为轿车提供内衬件模具。泊头企业与一汽集团、江西五十铃、哈飞汽车、广州本田、日本本田等 40 余家知名汽车生产企业保持着良好业务往来，拥有较高的市场知名度。2018 年，泊头市有铸造企业 500 余家，固定资产原值 40 亿元，从业人员 2.8 万人，年铸造设计生产能力达 400 多万吨。全市生产的大型机床铸件产量占全国份额的 25％，汽车覆盖件模具铸件占全国份额的 30％，工量具、平台铸件占全国份额的 60％。泊头铸造大量出口，50％以上销往欧美、非洲等地，经济贡献率达 40％以上。

(四)青县红木家具

红木家具为青县传统特色产业,最早可追溯至明朝永乐年间。20世纪80年代重新复兴,先以收购、贩卖为主,后逐渐转向制造。20世纪90年代,青县有三分之一人口自发从事古典家具制造或销售。2012年,为推动红木家具产业发展,青县政府启动"中古(青县)文化产业园"项目。项目规划目标为打造中国北方规模最大的红木家具生产和文化展示基地,集古典家具生产加工与物流、商业服务、会议会展、教育科研、影视传媒、文化休闲与旅游为一体的大型综合性文化产业园。青县的红木文化流传至今,成就了今日"中国红木文化之乡""中国运河古家具之都"的美名,打造了"凯华"等著名商标。

2018年,全县红木家具生产加工及配套企业600余家,行业总资产数十亿元,生产设备8000余台件,从业人员1.5万人,年生产能力达1万余件(套)。拥有县外销售机构的本地企业164家,华鸿、凯华、鸿缘阁、鑫源等一批企业注册了自己的商标和品牌,在业内享有很高的知名度。青县红木家具产品畅销京、津、沪等全国16个大中城市和地区,并远销美国、日本、韩国、新加坡等国,备受国内外消费者青睐。

二、河北运河区域新兴特色产业

除了传统产业之外,改革开放以来,河北运河区在有利的政策环境与市场环境之下,基于本地自然资源,结合区位优势,发挥民间力量,发展起多个富有区域特色的新兴产业。

(一)大名面粉产业

大名县属黄河冲积平原,温带大陆性季风气候,地势平坦,土地肥沃,非常适宜种植小麦。这里不仅是国家优质专用小麦生产示范区、主产区,也是我国发展优质强筋小麦最适宜的地区之一。全县常年种植小麦90万亩,其中优质麦60万亩,年产近40万吨,素有"冀南粮仓"之称。大名依托区位优势和资源优势,以龙头企业为重点,以优质小麦种植基地为基础,以支持和鼓励民营企业大上面粉加工企业为发展思路,形成"龙头带基地,基地连农户,产加销、农工商一体化"的龙型经济格局,初步探索了一条粮食主产区发展产业化经营的成功道路。大名面粉企业有 1 家被评为国家农业产业化重点龙头企业、4 家被认定为省级龙头企业，形成了以五得利为龙头的面粉加工产业集群。因面粉业的突出发展，大名先后荣获"中国面粉之都"、全国优质面粉加工业示范基地、全国食品工业强县、全国食品工业强县十大特色县、全国农业产业化示范基地等荣誉称号。

五得利面粉厂始建于 1989 年。公司在创建之初，就提出"五方得利"的经营理念，即农户得利、客户得利、员工得利、国家得利、企业得利，以良好的信用赢得了市场。经过多年努力与发展，公司从一个日处理小麦能力不足 15 吨的作坊式小厂，发展成在多省拥有子公司，有数十个大型制粉车间和近百条现代化面粉生产线，员工数千名的大型制粉企业。五得利产品畅销全国，市场覆盖率超过 90％，在北京市场的占有率更是达 40％以上。

(二)清河羊绒产业

羊绒业有着"世界羊绒看中国，中国羊绒看清河"的说法。清河县为目前中国最大羊绒加工集散地，亦为世界最大羊绒加工集散地，每年羊毛绒销售额占到国际市场的 40％，羊绒纱销售额占国际市场的 23％，羊绒衫销售额占国际市场的 40％，是当之无愧的"羊绒之都"。

清河精梳羊绒始于 20 世纪 70 年代末。该县戴屯村农民戴子禄，从内蒙古羊绒企业废毛渣中发现残存羊绒，遂运回清河，改造分梳后销往北京，获利颇丰。全县由此兴起精梳羊绒热潮。20 世纪 80 年代以后，梳绒在政府的引导之下，走上产业化发展道路，并迅速成为支柱产业，在全县经济占比达 70％以上。20 世纪末，清河梳绒业已普及到全县 60％以上的村庄，梳绒机也发展到有近 2 万台。其中一定规模的梳绒企业近 300 家，整个羊绒产业从业人员达 6 万多人，年梳各类无毛绒 2 万多吨。

20 世纪 90 年代，清河羊绒产业逐渐走出半手工业和初级加工模式，向纵深发展。人们借助现代机械与技术手段，生产高附加值产品。1992 年，清河羊绒开创人戴子禄与港商合资创办"邢台兴达绒毛制品有限公司"。同年，东高毛纺织厂投资 700 万元，引入精梳羊毛条、精纺羊绒纱项目。1993 年又与英国道森公司合资 1800 万元，购置织机 60 台，开办"中国东森绒衫有限公司"。之后陆续成立多家现代化羊绒有限公司，结束了清河羊绒初级加工、半成品的生产历史。清河羊绒产品销售逐渐扩大到国际市场，创立"依罗迪"等著名品牌。

21世纪以后，清河羊绒已经由初加工模式向面料、服饰制品等系列化、精细化方向的转化，形成现代化、多元化的发展模式。目前，清河通过电子商务，向四面八方的客户销售高中低档羊绒制品，不仅形成了诸多专业村，而且火爆了多家物流快递公司，也造就了多家品牌电商。

(三)香河家具产业

香河家具为当代新兴产业，起步于1998年。香河县和香河家具城地处环渤海经济圈腹地、京津冀都市圈金点之区，距北京45公里，离天津70公里，京哈高速公路及多条省道穿县而过。依托独有的地理和经济区位优势，香河家具的营业额以每年25%的速度增长，目前已经成为北方最大的家具销售集散地。香河家具城以发展速度快、整体规模大、品种品牌多、产品规格全、质量信誉好、市场覆盖面广、管理有特色、吞吐量大，在中国北方独树一帜，发展出独特的"香河现象""香河模式"。其中，大漆描金家具选材讲究，工艺先进，古朴典雅，既具有使用价值，也具备观赏价值。精致而有民族特色的屏风、大衣柜、双人床、梳妆台等几十种产品，在京津地区享有很高的声誉，并远销国外。在高档卧室套装家具评比中，香河家具荣获河北省一等奖和国家二等奖。

不断扩建的香河家具城现由33座大型单体展厅组成。2016年，家具城总面积突破300万平方米，参展企业7500多家，知名品牌1500余个，年客流量650万人次，年销售额达到280亿元。①

(四)临西轴承产业

临西轴承业起源于20世纪70年代初期。当时，农用地拉车轴承经常损坏，购买新轴承花费大，同时市场供不应求，致使农业生产受到严重影响。在邯临公路白庄段路北侧，五金厂职工郭金良经营着一家自行车修理铺，从事自行车、地拉车轴承修理。因勤于摸索，其翻修轴承技术日见成熟，在当

---

① 中国家具协会：《2017中国家具年鉴》，286页，北京，中国林业出版社，2017。

地形成广泛影响，村民多有效仿。轴承修理、翻新逐渐成为当地人普遍经营的家庭副业。1973 年，废旧轴承的重新组装、加工遍及全县，服务对象逐渐转向铁矿、煤矿等城市企业，销售网络亦向全国伸展。改革开放以后，临西轴承加工业务获得当地政府支持，进入快速发展时期。1983 年，全县轴承加工点 550 余个，大型机床 105 台，从业人数 1354 人，年产值 1846 万元。1984 年轴承加工点增加到 1500 个，从业人员达到 2548 人，产值上升到 2345 万元。① 之后规模连年扩大，20 世纪 90 年代末，一家一户的加工企业遍布全县，大型私营企业迅速兴起，轴承业成为县域经济的支柱产业。

1984 年，根据市场的需要，在白庄、仁庄轴承加工户的积极推动下，白庄成立轴承专业市场。其后童村、仓上、河西、蒋庄轴承交易市场相继成立。市场繁荣反过来促进了加工业规模的扩大。1990 年以后，部分规模较大的加工户开始购买先进加工设备，雇工现象普遍。临西轴承加工起于乡间，长期粗放式发展，未形成规范化经营，不乏假冒伪劣等问题。1995 年，县委、县政府制定了"大力扶持轴承行业上档次、上规模、上水平的暂行规定"，确立了"以生产中低速碳钢轴承为主，以为大中型企业配套为主"的产业发展思路，重点培育了鑫泰、临汾等 10 余家轴承规模企业。由于产品符合市场需求，定位准确，价格低廉，临西轴承很快抢占了国内市场。自此，临西轴承产业结束了废旧轴承加工翻新的历史，实现了集约化、规模化、产业化的发展目标。根据轴承行业的基础实力、设备条件、技术水平，临西寻求到了与市场相匹配的结合点。2002 年，临西县政府兴建"临西中国轴承大世界"，以轴承市场带动全县经济发展。市场占地 500 亩② ，吸引了国内外 2000 多家知名轴承企业相继入驻，促进了鑫泰、宝鑫等本土企业迅速崛起，实现了产业集群化发展。2006 年以后，临西逐步建成河北省级阳光轴承园区、邢台市级运河工业园区，并设立了中国国际轴承展示中心、河北省轴承检测中心、临西县轴承行业协会。

2018 年，临西拥有轴承生产加工企业 400 多家，规模企业 60 余家，从业

---

① 政协临西县委员会：《临西文史（第五辑）》，48 页，临西，政协临西县委员会，2002。

② 政协临西县委员会：《临西文史（第五辑）》，55 页，临西，政协临西县委员会，2002。

人员超过 7 万人；年生产能力达 7.5 亿套，年产值 169 亿元；拥有轴承出口企业 46 家，产品远销东南亚及欧美 50 多个国家和地区，全国市场占有率超过 10％，形成了"卖遍全国，走向世界"的销售网络。

随着国内外经济环境变化，临西轴承顺应时势，响应"互联网＋"和"中国制造 2025"发展战略，连续出台"零占地技改""科技创新奖励十条"等优惠政策。县财政设立年度专项资金，扶持企业走"智能工厂、智能车间"新路，推进信息化与新型工业化深度融合，激发轴承对接高端的强劲"混合动能"，引进现代化生产技术，服务高端客户。

第四章 河北运河工程建筑遗址

历尽沧桑的大运河为燕赵文明的绵延与发展提供了不息的生命力，也沉淀了丰富多彩的运河文化。历朝历代建造于运河河畔的水利工程、古城、寺庙、景观等，成为运河文化的历史见证。

第一节　运河水利工程遗址

为防止淤塞、泛滥，改善通航条件，历代统治者对运河不断进行整治。在缺乏现代科学支撑、生产力不发达的古代社会，劳动人民运用其智慧，兴建了各种减河、堤坝、闸坝等水利工程。其工程之坚固，工法之巧妙，令人叹为观止。至今留存在河北运河沿岸的诸多工程遗址，是古代劳动人民智慧的见证。

一、减河工程遗址

减河是利用天然河道或人工开辟的新河道，分泄超额洪水的防洪工程措施。古代，人们会于水量较大、水流较急河段开挖新河道，以减少水量，分泄洪水。至今河北地区仍保留多处完整减河遗址，并且仍然在发挥作用。

(一)捷地减河

明弘治二年(1489年)，朝廷在沧州境内开挖了14条减河，以调节运河水量，防范洪涝灾害。其中，规模最大的为捷地减河。捷地原名"狼缺屯"，永乐二年(1404年)，袁、余、雷、宋、古、乔六姓来此定居，沿用原名。清初，有将领在此打了胜仗，向皇帝告捷，受到嘉奖，此地亦被封为捷地。捷地是水旱码头，交通方便，贸易繁荣，于1912年升为捷地镇。1947年废镇，仍沿用捷地之名。

捷地减河为南运河分洪河流，位于今沧县捷地村。南运河在村西由西南流向东北，捷地减河在村内由西流向东，河口起于南运河右岸，东流经黄骅北入渤海湾，长约960米，河面宽约26米，底宽20～22米。民国《沧县志》载："捷地镇减水河，明弘治二三年开十二小河之一也，长一百八十里；出于卫河东岸。建桥设闸，以时启闭。"《捷地减河治河旧说》载："雍正四年(1726年)挑通捷地减河，设立闸口，面宽八丈，安闸五孔，内有金刚墙四堵，每堵厚五尺。共占去二丈，净面口止六丈。运河水七分，提闸一孔，减河水半槽，运河水八分。提闸二孔，减河水平槽，运河水九分。提闸三孔，减河水与两岸相平。"[1]《燕赵水利春秋》载："捷地减河首起沧州南十五里，于捷地与南运河右堤相接，东达于海，明弘治三年开，专减南运河之异涨，以备南运河之泛溢。"[2]该河河口处建有捷地分洪闸。1963年，南运河捷地以上来水量410立方米/秒，捷地闸分洪190立方米/秒。1981—1982年，汛后两次"引黄济津"，捷地闸参与了排险和调控。

清末至民国时期，因年久失修，捷地减河淤堵严重，经常决溢成灾。1949年以后，多次进行疏浚、复堤，捷地减河重新畅通。1993年，捷地减河闸门改为钢筋混凝制，闸长30米，分8孔，闸底板海拔10.02米，机架桥海拔高15.34米，设计水位为：闸上12.28米，闸下11.87米，过闸流量为180立方米/秒。水闸雄伟壮观，闸东侧是宽250余米的河床，水波粼粼，如同人造小湖，常有渔人摇橹驾轻舟，张网捕鱼虾。现捷地减河风景优美，有较高旅游价值。

(二)青龙湾减河

青龙湾河又名上引河、王家务引水河，为北运河主要分洪河道。青龙湾

① 张坪：《民国沧县志》(影印)，153页，上海，上海书店出版社，2006。
② 朱道清：《中国水系词典》，112页，青岛，青岛出版社，2007。

减河连接北运河与潮白新河，上起香河县王家务土楼闸口，红庙村之南，下至天津宝坻入潮白新河，河北地区流长 18.20 公里。两岸堤长不一，左堤长 18.25 公里，右堤长 5.44 公里，堤顶宽 8 米、高 4 米，河底设计宽度 90 米，设计防洪标准为 20 年一遇，洪峰流量 1330 立方米/秒。青龙湾河身弯曲，频繁改道，汛期洪水下泄不畅。根据光绪《顺天府志》记载，雍正八年(1730 年)，北运河山洪暴至，河西务一带堤埝决口。朝廷在河西务上游的青龙湾河，建坝 40 丈，开引河长 90 里。光绪十年(1884 年)，顺天府尹周家楣筹修引河两堤。1925 年，天津顺直水利委员会在青龙湾河口石坝上改修铁闸，调控水流。但因治标未治本，仍是水患不绝。另据《大清一统志》记载，青龙湾引水闸建于乾隆二年(1737 年)，门宽 40 丈。乾隆三十七年(1772 年)，浚青龙湾减河，又在坝南北两岸建筑石台，中铺石块，较旧坝落低，水自石上宣泄，起名"金门闸"。南坝台有一石碑，刻有乾隆题诗："金门一尺落低均，疏浚引河宣涨沦。画策例同捷地闸，大都去害贵抽薪。"乾隆四十九年(1755 年)，议准青龙湾石坝修筑补砌，之后又多次修筑。1925 年，天津顺直水利委员会进行修复，重新给南北石坝装上铁闸，随时启闭。另在石坝上方筑桥，可通行。

中华人民共和国成立后，对该河两岸堤防多次进行治理，到 1984 年共加固修复堤长 41.5 公里，完成土方 70.5 万多立方米。1951 年、1954 年、1972 年和 1973 年，对土门楼到杨家场 18.25 公里的主河道进行扩挖疏浚。其中，1972 至 1973 年的河道治理完成土石方 57 万多立方米，使防洪标准达 20 年一遇，行洪流量 1330 立方米/秒。从 1976 年开始，在青龙湾河分水口的后家湾、骡子王、荒凌庄、仉村等 5450 米的河段上修筑鸡嘴坝 1 座，挑水石坝 21 道，混凝土井柱丁坝 34 道。

(三)四女寺减河

四女寺减河开挖于明永乐十年(1412 年)，后经历代疏浚治理，沿用至今，现称漳卫新河。该减河起自山东省德州四女寺枢纽，向东经"九龙庙(原屯氏河废弃故道)"入鬲津河(老黄河故道)，再向东北行至果子李、李小吴村，后经吴桥、宁津、乐陵、庆云，从无棣入海。全长 228.5 公里，因起点在四女寺，故称四女寺减河。

四女寺减河在明清两代曾多次疏浚，但整治范围主要集中于河头的滚水坝工程，有效的河道维修限于上游十余里，下游四百余里则不设堤防，河水漫流。光绪年间，该减河全部淤废。据民国年间的一些记载来看，当时减河"入口处仍遗有砌石之溢流堰残迹，但淤塞几乎不能应用，河身亦变成旱田而无减河之价值"。1949年后，政府多次对四女寺减河进行治理。1955年，疏浚河道并采取了多项临时防洪措施。1956年再次进行治理，动员民工挖河、筑堤206公里。1957—1958年，兴建四女寺枢纽，沿河修建30座木桥，挖河、筑堤，完成土方4121万立方米。新扩建的四女寺水利枢纽，包括减河进洪闸、南运河节制闸和船闸等几部分。1971—1976年，新挖岔河，全长43.5公里，下泄流量最高可达2000立方米/秒。[1] 同时对四女寺减河进行扩挖、筑堤，设计行洪流量1500立方米/秒。此次治理后，四女寺减河、岔河及汇流以下河道统称漳卫新河。

二、红庙闸口遗址

红庙闸台基位于廊坊市香河县红庙村西南，在北运河东岸，又称"土门楼节制"。红庙闸台基始建于清乾隆三十七年（1772年），时称金门闸（红庙闸口）。1925年，在清代基础上改扩建，现存台基即为1925年所建。该闸紧邻青龙湾减河土门楼泄洪闸，南北150米，东西60米。水闸下面用砖和条石砌成，里面用三合土夯筑。遗址基础上是后来建的现代建筑。旁边的泄洪闸为20世纪70年代修建。现北台基保存基本完好，平面略呈梯形，三面外壁为条石，内填夯混合灰土。南北约30米，东南约26米，高约10米。南台基外壁条石无存，混合灰土稍有残缺。[2]

三、险工遗址

古代挖掘运河时，为减缓水流速度，缓解河水对堤岸的冲击，会在水位落差较大，容易决堤河段设计弯道，延长运河流程。但水流过急仍会导致决堤。为防治洪水，人们又在运河拐弯处修筑河堤，称"险工"。

河北运河转弯处有多处土坝遗址，保存较好者有景县华家口夯土险工、

---

①　漳卫南运河志编委会：《漳卫南运河志》，264页，天津，天津科学技术出版社，2003。

②　赵云：《走近运河》，12页，苏州，古吴轩出版社，2008。

连镇谢家坝与朱唐口险工遗址。这三处堤坝均修筑于清末，建筑工艺相同，即采用黄土、白灰加糯米浆夯筑成坝墙。2006 年，华家口夯土险工与谢家坝成为全国重点文物保护单位。2014 年 6 月 22 日，中国大运河被联合国教科文组织列入世界文化遗产名录，成为我国第 46 项世界文化遗产。华家口夯土险工与谢家坝亦成为世界文化遗产点。

华家口夯土险工位于景县安陵镇华家口村东南，运河左岸。据景县县志记载，大运河景县段开挖于隋大业四年（608 年），通航于隋大业七年（611年）。因地处运河转弯处，华家口段曾多次决口，仅在晚清时期载入县志的就有两次。一次是同治九年（1870 年），村庄全部被毁；另一次是光绪二十年（1894 年），庄稼全部被淹。决堤给当地百姓带来了深重灾难，也影响了作为当时运输大动脉的航运。1911 年，知县王为仁主持修建华家口夯土险工。华家口夯土险工全长 250 米，呈梯形，南北走向，顶宽 13 米，全程高程 5.8～6.7 米，平均收分 20％。堤内坡坝墙每步宽 1.8 米，厚 18 厘米，分步夯筑。底部采用坝基抗滑木桩施工工艺，外坡与顶部为素土夯实而成。坝体弧形曲线符合流体力学原理，受力面合理，最大限度缓解了河水的冲刷。虽经 100多年河水的冲刷和几次大洪水的侵袭，大坝主体依然较好。

该险工为研究清代夯筑防水技术和运河堤岸防护发展史提供了实物资料。但是由于年代久远，多年来受河水、雨水、风力侵蚀，冻融风化及坝顶过往载重车辆震轧，乃至地震等多种因素影响，坝体失去内聚力，出现了剥落、疏松、不均匀沉降、内坡下滑等现象。为加强夯土险工保护，2012 年 8 月，景县对华家口夯土险工进行了修缮保护，加固维修时最大限度地保留了险工的原真性和完整性。工程中采用糯米、石灰夯筑工艺，耗用了上百袋糯米。同时，对运河河道及华家口夯土险工进行环境整治，制定了《中国大运河华家口夯土险工保护管理规定》。大运河申遗成功以后，当地政府着手进行华家口夯土险工景点建设，沿运河左岸十里投资桃花休闲区项目、玫瑰园二期建设项目等，发展旅游、生态产业。

连镇谢家坝位于东光县连镇运河五街、六街交界处，在南运河东岸。南运河河北段多弯道，致使险工险段众多。连镇谢家坝为险段之一，曾多次决口。清朝末年，连镇乡绅谢家捐资修筑该坝，故名谢家坝。谢家坝全长 218米，坝体为灰土加糯米浆逐层夯筑，夯土以下为毛石垫层，基础为原土打入柏木桩筑成。堤坝整体稳定性好，筑成后，再未出现决堤状况，沿用至今。

朱唐口险工位于河北省清河县朱唐口村村北。清河县境 18.89 公里长的河道，仅险工就有 8 处之多。清河县历代水灾多为河决。御河堤防虽多有修治，但所修堤防堤身单薄，且由于不重视夯工，堤内土质疏松，加上历年决口甚多，旧口多成为隐患，弯道凸岸，受水冲刷严重。朱唐口险工不同段落分别修建于清末直至 20 世纪 90 年代，历经数次修缮。险工长 961 米，依据材质分为（由北向南）抛石坝、干砌石及浆砌石坝、井柱网格坝、青砖砌三合土夯坝，代表了不同时期险工的不同做法，从侧面反映了对大运河的堤防治理在科学技术上的不断改进。

四、郑口挑水坝遗址

挑水坝是河防工程中用以分水势的堤坝。土堤只能防止洪水溢出河槽，不能抵挡急水，于是修建险工。但险工也只能起到防御的作用，要将大溜挑离本岸，保护下游堤防和险工安全，必须修建挑水坝，开挖引河，进行裁弯。

挑水坝还可在堵塞决口时减轻堵口施工的压力。分流出来的水在挑水坝下游形成回流，有助于淤滩固堤。挑水坝为古代人民治河防洪的创举。现河北运河现存故城县郑口挑水坝 6 处。

郑口挑水坝俗称龙尾埽，位于郑口镇郑口大桥西侧，全长约 910 米（衡水市政府公布的保护范围，为两侧挑水坝外皮基线各向上、下游延伸 10 米）。这 6 个挑水坝呈倒"U"形分布在河堤内侧，从运河上游至下游分别编为一至六号（靠近大桥为六号）。一号与二号挑水坝的平面为长方形坐于堤坡上，迎水面两侧为圆角，后尾插入堤中。其中，二号挑水坝雕有"民国三十六年即西历一九四七年桃月建筑"字样，清晰可辨。三号挑水坝的平面为菱形，迎水面为尖形，后尾插入堤中。坝体迎水面上留有当年监测运河水位的高度标示。四号挑水坝平面呈梯形，迎水面两侧为圆角，后尾坐入堤中。五号挑水坝平面为长方形，迎水面为弧形，两侧为钝角，后尾坐入堤中。六号挑水坝平面呈梯形，迎水面和两侧面相交处为圆弧形，后尾坐入堤中。

郑口镇段运河为转弯河道，水深流急，多次漫堤决口。明代时曾使用柳树护堤，以十棵柳树为一捆，倒挂堤内以防河水冲刷堤根。因柳树倒挂堤内转弯处，颇像龙尾，故称"龙尾埽"。《故城县志》记载，清道光二十三年（1843

年），郑口至徐庄修龙尾埽一百九十五丈。1934 年春，三、四两区（按行政区规划现当属三朗、郑口、坊庄等乡镇）村民筹款 3000 元在徐庄险工砌砖坝一处。中华人民共和国成立后又进行了多次维修。在 1953 年、1956 年、1963 年、1998 年四次洪水侵袭中，挑水坝都未出现漫堤决口，再现了古运河的传统工艺价值。郑口挑水坝入围京杭大运河世界物质文化遗产名录，亦是全国重点文物保护单位。

第二节　码头、沉船遗址

　　码头为运河船只装卸货物，进行商品贸易、休养歇息的场所。码头所在地因商船云集，往往发展成为区域商业中心。元明以后，河北运河漕运繁忙，南北物资交汇于此，形成众多码头。仅沧州就有桑园码头、连镇码头、东光码头、泊头码头、兴济码头、青县码头、流河码头等十几处。此外，邢台、邯郸、衡水等地亦有重要码头。古代航运技术相对落后，沉船事件时有发生。20 世纪以来，河北地区发掘沉船点 20 多处，出土大量珍贵文物。这些文物成为古代河北运河运输繁忙、商业繁盛的重要物证。

一、油坊码头遗址

　　油坊码头位于河北省邢台市清河县油坊镇东部，油坊旧桥旁边，为河北段大运河仅存的砖砌码头，亦为京杭大运河保存最好的码头之一，是全国重点文物保护单位。油坊码头始建于明弘治年间。除去码头以外，河套内还建有船只维修厂。于此泊船，既可进行货物装卸，又可修理船只。故油坊码头虽非位于城镇，但仍吸引大批船只停泊。久而久之，油坊码头发展成为当地商业中心，辐射范围可达百里。明末清初，油坊码头已形成三里南北大街，二里东西大街的水路交通重镇，有各种客栈店铺 200 多家。《清河县志》记载，明代至民国初年，油坊码头舟来船往，商贾云集，为大运河沿岸卓有名气的商业码头，有"天下北库"之称，又被誉为"清河县的小上海"。

　　油坊码头现存码头遗址 6 处，由北向南依次为煤炭码头、百货果品码头、粮食码头、运盐码头、渡口码头等，总长 933.8 米，高 10.2 米。现存建筑修建于清末民初，以青砖为主，辅以干砌石、浆砌石以及少量红砖。码头青砖等基本保持完好，仅上部有断续缺砖。码头有 4 个涵洞与运河连通，船从这里停靠后，货物从涵洞运入油坊镇。涵洞两侧曾用木质闸门，后改为水泥闸门。洪水来时落闸，两门之间填土。

二、东光码头沉船遗址

东光码头沉船遗址位于东光县连镇码头桥北侧。1998 年 6 月，东光镇码头村运河段发现宋代沉船。经鉴定，出土船只为北宋政和年间（1111—1118 年）的码头运输船，船底完好，船帮已残。船身长约 15 米，宽约 4 米，舱底宽约 2 米。沧州市文管处与东光县文保所对沉船进行了抢救性挖掘，共出土文物百余件。提取完文物，对船体进行了就地掩埋保护。随船出土大批磁州窑白釉划花大碗，另外还发现磁州窑缸胎大盆 4 件、白釉器盖 4 件、铁锅 1 件、石锚 1 件、压舱石 1 件，以及 75 枚北宋时期的钱币。在发掘过程中，遗址各地层出土多个窑口的瓷器和标本、红陶擂钵、金代铁权、元代铜权、骨刷柄、铁钩、铁刀等。东光码头沉船的出土，为宋代河北运河商运之发达提供了物证。

三、吴打庄沉船遗址

吴打庄位于河北省廊坊市香河县李庄乡，沉船点位于吴打庄村西南 800 米的北运河东岸。2003 年 6 月 30 日，香河县五百户镇吴打庄村发现古代沉船，随后河北省廊坊市文管处会同香河县文物管理所进行了抢救性清理。沉船残长 11.34 米，A 舱残长 1.06 米，B 舱 1.4 米，C 舱 1.42 米，D 舱 1.1 米，E 舱 1.38 米，F 舱 1.7 米，G 舱 1.18 米，尾舱 1.68 米，隔舱板均宽 6 厘米。各舱均装有泥质青砖，砖长 48、宽 23、厚 13 厘米。清理中发现船板分底板和舱板两类，底板为用铁钉相连的通板，舱板与舱长度相同，厚 5～6 厘米，互不相连，E 舱以东船板因流沙原因未能取出。该船出土少量青釉瓷碗、盘残片，缸胎罐、盆残片和极少青花瓷碗残片，另出土铁镰 2 件、铁 1 件、残木梳 1 件。船底淤土中出土泥制灰陶片、缸胎器残片、青釉瓷片、青花瓷片等，并发现垫于船底的残朽短木、残断的泥质青砖，似船沉后人为遗留。根据舱内出土的瓷器残片推测，沉船的时代最晚为明代。

第三节　运河古城镇遗址

农业文明时期，运河以其便利的水利资源，孕育出河北平原的经济政治带，沿岸兴起许多城镇。尽管有些城镇随着社会变迁湮没于历史长河之中，但仍留下诸多建筑遗存，成为其历史荣耀的见证，亦成为燕赵大地历史文化宝库的珍贵财富。

一、邺城遗址

邺城遗址分邺北城和邺南城两部分，大体呈"日"字形（见图4.1）。邺北城为曹魏时期邺城遗址的城市布局；邺南城为东魏时期依邺北城南墙而建。北城外城共设七个门，南面三个分别为广阳门、永阳门和凤阳门，北面两个分别是广德门和厩门，东西各一个门，分别是建春门和金明门。据记载，北邺城东西7里，南北5里。实际勘测结果为东西2400～2620米，南北约1700米①，规模略小于文献记载。城墙系夯土筑成，今已全部埋于地下，宽15～18米。东城墙钻探出约1300米，北城墙探出约350米，西城墙南段探出约300米，南城墙钻探出约1400米。② 考古已勘探确认部分城门，如南城墙西侧的凤阳门、正中的永阳门；东城墙的建春门；西城墙的金明门；北城墙广德门等。考古调查还发现了邺北城主要大道6条，其中东西大道1条，南北大道5条。结合所发现城门遗址以及6条大道，我们可大体勾勒出邺北城道路交通系统。

建春门至金明门大道是全城唯一的东西大道，将邺北城分为南北两部分。北部中央为宫殿区，主要建筑宫城、衙署等。南半部主要分布一般官署和里坊，被南北向道路分割成长寿、吉阳、永平、思忠四里。西为禁苑铜爵园，内设马厩、武库。邺北城西北隅，建有铜雀、金虎、冰井三台，每台距60步，有铁索阁道相连，施则相通，废则悬绝。北齐天保七年（556年），征发30万人修饰三台，铜雀台重展异彩。铜雀台历代名人题咏甚多，仅《临漳县

① 王巍：《中国考古学大辞典》，435页，上海，上海辞书出版社，2014。
② 王巍：《中国考古学大辞典》，435页，上海，上海辞书出版社，2014。

志》就载有 65 篇。唐朝诗人杜牧曾留下"东风不与周郎便，铜雀春深锁二乔"的著名诗句。宫殿东面为戚里及衙署。北邺城规划整齐，交通便利，对北朝、隋唐都城的建设产生过深刻影响。邺北城引漳水穿城而过，名长明沟，为其主要水源。因漳水泛滥与改道，临漳县内邺城遗址遭到严重破坏，今地面所存，仅金虎台、铜雀台等部分残基以及瓦当、青石螭首等。

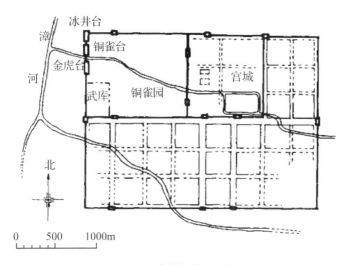

图 4.1　曹魏邺城平面图

资料来源：沈福煦：《建筑学概论（升级版）》，435 页，上海，上海人民美术出版社，2017。

　　邺南城始建于东魏天平二年（535 年）。根据记载，南邺城东西 6 里，南北 8 里 60 步；实测东西 2800 米，南北 3460 米。[1] 内城墙宽 7～10 米，城垣迂曲，墙外有护城壕、马面等设施。东、南、西城墙为新筑，北城墙借用邺北城之南墙。据文献记载，邺南城东、西城墙各 4 城门，南城墙 3 城门。其中南墙正中为朱明门。经考古发掘，除东墙偏北 3 座城门外，其他城门的位置基本得以确定。邺南城继承单一宫城制度，宫城位于内城北半部中央位置，东西约 620 米，南北约 970 米。宫墙亦为夯土建造，宽约 7 米。[2]

---

① 王巍：《中国考古学大辞典》，435 页，上海，上海辞书出版社，2014。
② 王巍：《中国考古学大辞典》，435 页，上海，上海辞书出版社，2014。

二、沧州蟆头城与沧州旧城遗址

沧州蟆头城遗址位于沧州市区，运河东岸。沧州古城始建于明天顺五年（1461年），城周长8里，城高2.5丈，城墙底宽2.5丈，顶宽1.5丈，垛高2.8尺，计有垛口2166个。城分5门：南门曰"阜民"，北门为"拱极"，东门称"镇海"，西门叫"望瀛"，西南门为"迎熏"（俗称"小南门"）。外有护城河深1.5丈，宽4.5丈。因平面形状类似男子戴的头巾，又名"蟆头城"。1947年，城墙拆除。2000年发现一段原蟆头城南城墙，长5米，外墙皮为大青砖砌成，墙体内为夯土。

沧州古城依运河而建，从诞生时起就是一座水城，地势低洼。城东有大面积的水坑，少有人居。城西是南北大运河，地面狭窄。只有城南、城北，宽阔平坦，宜于人居。清代，沧州蟆头城内外分五坊，城内称宣化坊。大南门外有崇明坊，大体包括今解放路南、南溯以东区域。清真北大寺附近为回族聚居区，为城厢四坊中人口最密集的区域。北门外有严崇坊，大体包括今维明路西至河堤地面。其余两坊，一为南钟英坊、一为北钟英坊。志书记载这两坊在古城西城墙至运河堤的狭窄地段，犬牙交错。城内建筑以庙宇、牌坊、楼、阁、坛为主。庙有文庙、关帝庙、龙王庙、火神庙、白衣庙、土地庙、八蜡庙、刘猛将军庙、萧曹庙、王母庙、马神庙、娘娘庙等。寺有水月寺、迎春寺、清真寺。牌坊79块，著名的有沧州文明坊、万古文明坊等。楼有望瀛楼、南川楼、郎吟楼、度帆楼、水明楼、闻远楼等。阁有文昌阁、三清阁、张仙阁等。坛有社稷坛、先农坛、风云雷雨坛、历坛等。

沧州旧城遗址位于河北省沧县东南部，东关村西，西北距沧州市区16公里。沧州旧城始建于西汉高祖五年（前202年），当时为浮阳县县城，亦为渤海郡治所。隋开皇十八年（598年），浮阳更名清池，仍以此地为县治。唐代贞观元年（627年），沧州将治所迁至此地，自此以后该城改称沧州城。五代、宋、辽、金诸代皆为州城。元延祐元年（1314年），将州治所迁移至长芦城，元末又迁回此地。明代永乐二年（1404年），又将沧州治所迁至长芦，该城成为旧州城，历经五百余年，现已废为遗址。现存遗址为唐宋代所建，形状奇特，为华北平原所特有，也是华北平原现有的最大的古城遗址之一。因其城似卧牛，故又有"卧牛城"之俗称。2013年5月，沧州旧城入选第七批全国重点文物保护单位。

据 1997 年挖掘考察，沧州旧城城墙遗迹宽 30～40 米，实测周长为 7787 米，面积约 5 平方公里。沧州旧城城墙遗迹现已残缺不全，唯西、南两面，还有断墙五段残存地表，各段长 0.5～1 公里。① 在城内路边断层的地表和地下，暴露或埋藏有古代遗物，包括大量汉代的瓦当、夹砂红陶、绳纹陶片，南北朝的青瓷，唐代的黄绿釉，宋代的定窑、龙泉窑和元代的钧窑等名窑出产的各色瓷的残片、小件骨器和大量骨器废料。当地群众曾积极向文物部门捐献在旧城内发掘的唐代邢窑瓷壶，宋代瓷人、瓷兽，以及元代的石雕狻猊等。

沧州旧城内有铁狮子。沧州铁狮子又名"镇海吼"，技艺精美，保存完整，具有极高的文物与艺术价值，为沧州标志性文物，亦为我国古代最大铁铸件，与定州开元寺塔、正定兴隆寺铜菩萨像并称"河北三宝"，1961 年入选首批全国重点文物保护单位。沧州铁狮子铸于后周广顺三年(953 年)，长 6.3 米，高 5.48 米，宽 3 米，重约 40 吨，造型雄伟，尾北面南，首昂目嗔，巨口大张，四肢又开，仿佛疾走乍停，仰天怒吼。② 铁狮子身披障泥，背负巨型莲花盆，胸前、臂部挂悬缨项带，头部毛发波浪微卷，披垂于顶上。据《沧县志》记载，铁狮子腹内曾铸有《金刚经》文，头顶、项上还铸有"狮子王"，头内有"窦田、郭宝玉"，右项、牙边有"大周广顺年造"，左肋有"山东李云造"等字，字体为古隶。但因铁狮子至今已逾千年，虽几经保护，背、腹、腿、唇、尾仍已残损，上述文字已不能明辨。铁狮子内壁光滑，外面由大小不一的外范拼接，从小腿到头顶共 21 层，莲盆 4 层，合计 509 块。狮头、狮身、莲盆为一次浇铸。关于铁狮子的由来，主要有三种说法：一说周世宗北伐契丹时，罚罪人铸造铁狮，以镇沧州城；一说古时沧州沿海地带常受海啸之灾，五代后周太祖郭威为镇水患，派人铸造铁狮；一说此铁狮为开元寺文殊菩萨的坐骑。

19 世纪之前，沧州铁狮子是直接立在地上的。嘉庆八年(1803 年)，铁狮子被大风吹倒，据县志记载，因"有怪风自东北来，风过狮仆"。光绪十九年

① 河北省地名委员会办公室：《河北名胜志》，309 页，石家庄，河北科学技术出版社，1987。

② 中国文物学会专家委员会：《中国文物大辞典》上册，328 页，北京，中央编译出版社，2008。

（1893年），铁狮被重新立起，下颌、腹部和尾部都已严重损毁。1984年，因狮足长期陷于土中，又在铁狮子北边8米处新建一座2米高隔水台座。自20世纪50年代到2000年，沧州铁狮子历经四次维修。在不成熟的技术条件下，修护反而会加剧铁狮子的损坏程度。2006年，中国文化遗产研究院把沧州铁狮子保护列入科研项目，通过对铁狮子的三维光谱分析，提出了一个概念性维修方案：把铁狮子现有外支架撤掉，通过稳固的内支撑，做内胆固定，并降低铁狮子台基的高度；同时，给铁狮子搭建一个遮雨的"棚子"。

为抢救保护沧州铁狮子，沧州市政府决定重铸铁狮子，延续其雄姿。新"沧州铁狮子"造型仿照原样，对原沧州铁狮子残缺的下巴、尾巴等部位进行了修复。新铁狮于2011年3月铸成，作为"沧州象征"被安放在沧州市区狮城公园，重120吨，体积是原铁狮子的1.32倍，设计"寿命"是2000年。新铸造的沧州铁狮子也成为世界上最大的一次性整体浇铸的铁狮子。

三、大名府故城遗址

大名府故城遗迹，或称北京大名府，位于河北省邯郸市大名县县城东北。大名历史上曾长期为府、路、州、道、郡之治所。春秋时代属卫国，名"五鹿"，是历史上著名的"五鹿城"。宋仁宗庆历二年（1042年）成为陪都，称"北京"。

"北京"时期大名府最盛，人口达百余万。大名府故城中间高，四周低，十字大街中心原点似龟背，向四方轻舒缓降。街巷结构严谨，形状规整，主次分明，构成棋盘式方格路网，城楼、牌楼、衙署等建筑井然有序，构成了丰富的街道对景，形成了优美的视线通廊。整个城市呈现出十足的理性和有条不紊的秩序。该城以大街、双台村为中心，现在的东门口、南门口、铁窗口、北门口四村是故城东、南、西、北四大城门旧址。故城分外城和内皇城（也称宫城）。外城周长48里，占地面积36平方公里；内城周长3里198步。

因地处黄漳溢域，明建文三年（1401年），宋明两代故城被埋入泥土。也因此故城保存比较完好，仅有少数遗迹被取土坑破坏。地表现仅存几段夯筑城墙：铁窗口村东南保存的一段城墙，长约140米，宽15～17米，高6～7米；红寺、营庄之间断续有三段城墙，最长的一段约180米，宽4～10米，高 6～7 米，其余两段较短，长约 10 米，宽约 10 米，高 4～5 米。① 南门口、孔庄一段城墙遗存地表已不明显。大街、双台的宫殿遗址全部埋于地下 3～5 米，地表已无迹象可寻，当地群众在挖地窖时曾挖出灶台和瓷碗。2006 年，大名府故城入选第六批全国重点文物保护单位。

四、临清古城遗址

临清古城遗址位于临西县城南仓上村旧址处。后赵时期，改清渊县为临清县（"临清"之名始于此），建城于今临西县仓上村东卧牛坑内，史称"水东临清"；北魏年间又建临清城于今临西县仓上村南北月洼中，史称"水西临清"。《旧唐书》记载，唐代古县设"赤、畿、望、紧、上、中、下"七级，时古临清县为望县，设有大型运河粮仓（正仓），为魏博节度使储粟之地，有"国之北库"的美誉。金天会五年（1127 年），因水患和大运河东移等原因，县治所东迁 40 里至曹仁镇。此后，遗址除净域寺外全部变为农田。1949 年以后，临清古城一带分设临清市与临西县，重新划分行政区域。临清市保留了临清的建置，但今临清市是原临清在卫运河东岸的城区和大辛庄、清平县、馆陶县的乡镇组合而成；临西县则保留了临清县城的主体。临西县成立后，初设河西街（临清在卫运河西岸城门内的老街巷），于 1970 年迁至童村（今临西县城，原临清古城仓集镇所在地）。

临清古城文化层未经严重扰乱，现仍基本保持原况。古城整体呈长方形，南北长 6 里，东西宽 3 里，占地面积 4.5 平方公里。北城墙、北城门遗址犹存。北城门在北城墙中部偏东的位置，城墙基础宽 15 米，残高 1 米，夯土层明显。城内主要建筑自南而北有古县衙、钟鼓楼、文庙、奶奶庙、净域寺等。城内建筑集中在钟鼓楼和文庙之间。隋代开的大运河永济渠穿县西门而过。在古城址东南，有大范围的墓葬区，时代与古城使用年代一致。墓葬分布密集，是临清古城官宦名士的墓地，具有较高的考古价值和文物价值。临清古城遗址范围内遗存丰富，有唐代大型运河粮仓遗址、齐赵古驿道遗址、临清古城北城墙遗址、北魏临清县衙遗址、宋井、元代古槐、唐代文庙和钟鼓楼遗址等。临清古城遗址对研究唐代漕运有着非常重要的价值。2013 年，临清

---

① 白晓燕等：《河北大名府故城宫殿遗址调查》，载《文物春秋》，2015(5)。

古城遗址成为全国重点文物保护单位（见图 4.2）。

图 4.2　临清古城遗址

五、贝州故城遗址

贝州即今清河县。北周武帝建德六年（577 年）于此地设置贝州，"因邱以为名"①。现贝州故城遗址为宋代所建，位于今邢台市清河县城东城西二村周围。城为土墙夯筑，南北长 1.2 公里，东西长 2 公里，城池呈长方形，城垣断续可见。北城角尚存 500 米，高处达 6 米，西北角尚存 200 米，高 5 米。据《清河县旧志》载，系"宋元祐六年监官赵荐之重修"。当时贝州已更名为恩州，但此地仍称古贝州城。明正德七年（1512 年），在古贝州城东南角内建新城。明代所建城池东西长 1000 米，南北长 750 米，呈椭圆形。城墙里外两面均用青砖累砌（里七外八层），中间用上夯筑，上面用一尺厚的灰渣封顶，高 3 丈，宽 2 丈，有东、西、南三门，无北门。城内旧衙、庙宇、戏楼等古建筑均有较高艺术价值。据《清河县志》记载："城圆形，非正圆，微带椭形。城内街衢一纵一横，宛如十字。据全城言，又如龟形，南北距离稍远，东西稍近。南北街小资本饭馆、茶铺及小商店列肆栉比。西街多住户。东街虽无多富商，而鱼次林立，门面整洁，比较他街，尚属繁盛。"

1993 年，贝州故城遗址成为河北省重点文物保护单位。2010 年以后，清河县对贝州故城进行开发，重建贝州故城；同时依托古运河文化背景，规划

---

① （唐）李吉甫：《元和郡县图志》，463 页，北京，中华书局，1983。

建设运河景观带。

六、海丰镇遗址

  海丰镇遗址为金代港埠古遗址，位于今河北省沧州市沧县海丰镇杨庄村，在运河东岸。该遗址 2006 年入选第六批全国重点文物保护单位。海丰镇遗址南北约 1200 米，东西约 1900 米，面积约 2280 平方米。① 据《盐山县志》记载，元朔四年（125 年），汉武帝封齐孝王刘肥之孙刘阳为柳侯，封地在海丰镇一带，称"柳侯国"，都城设在海丰镇。王莽篡汉时废，魏晋时因地近漂榆，称"漂榆邑"。后赵时，石勒派王述在此煮盐，又名"角飞城"。此时，居民以鱼盐为利，呈现一片繁荣的景象。唐宋时称"通商镇"，水陆交通便利。金代称"海丰镇"，是当时集水陆交通为一体的经贸集散地，以瓷器为主。元代盐业不振，此城渐为废墟。明代移民于其附近建村，仍用"海丰"之名。

  海丰镇遗址于 1985 年黄骅博物馆进行文物普查时被发现，2000—2003 年，组织过两次考古发掘。经过发掘，考古工作者先后发现的遗迹有几组房址、十几座灶，几十个灰坑以及水池、水井、水沟、道路等，涵括金初至明的不同时期。第一层为近现代；第二层为明清时期；第三层为金末至元代；第四层至第七层为金代；第五层以下有明显的冲积和水浸痕迹。遗址东部第四层有夯土墙一段，墙体皆建筑在一层夯过的黄色垫土上，残存基础部分宽 0.5～0.85 米，砌法比较特殊。② 室内铺地砖或平铺或立砌，形成相对独立的空间，表明这些建筑为当时的居住场所。

  遗址出土遗物丰富，其中陶瓷器最多，且有不少精品，包括定窑、井陉窑、耀州窑、龙泉窑、钧窑、景德镇窑等著名窑口的产品，如井陉窑印花盘、划刻花碗，磁州窑三彩剔花陶枕、红绿彩瓷塑、虎形瓷枕，耀州窑刻花青瓷碗，景德镇窑高足印花碗，另外有棋子、铜镜、骨簪、骨刷柄等文物出土。该遗址面积之大，遗物之丰富，在全省同时期遗址中极为少见，对研究中国古代陶瓷具有重要意义。

---

① 张立芳：《河北文化遗产》，292 页，北京，文物出版社，2010。
② 张立芳：《河北文化遗产》，292 页，北京，文物出版社，2010。

第四节　宗教建筑遗址

　　河北运河以其贯通南北的便利交通，形成开放、包容的文化环境。运河沿岸至今留存着大量与古代传说、佛教、道教与伊斯兰教相关的建筑遗址。

一、盘古庙遗址

　　相传，盘古开天辟地以后，选择在河北青县居住，故青县有盘古庙。现青县盘古庙位于河北省沧州市青县官庄乡大盘古村。据《青县志》及有关文献，该庙始建于元世祖时，历时15年才建成，明清以来不断修缮扩建。据说，当年的盘古庙状似故宫三殿，石、砖、木结构，琉璃瓦盖顶，金碧辉煌，蔚为壮观。前殿高三丈六尺，象征一年的天数；台阶18级，合十八层地狱之说；飞檐椽子108根，按三十六天罡、七十二地煞而布；每根椽头系铜铃一枚，照宫、商、角、徵、羽五音而置，有所谓"风摇铃响天动乐，光照殿顶地生辉"之说。殿内有身披树叶、手托日月的铁铸涂金盘古像，高一丈零八寸。中殿塑有南海观音像，股坐莲盆，两侧有金童玉女。后殿设老君、孔子、龙王三塑像，殿前有合抱粗的合欢树两株，殿后有铁磬悬于古槐。盘古庙在1947年毁于战火。现存遗址为明代建筑，长130米，宽100米。庙址高出地面1.5米，庙内有盘古井，盘古梁(长3.82米，横断面呈八边形)，柱础(12个)，盘古庙碑。

　　盘古庙碑史称"马政碑"，为盘古庙的代表性碑刻。明弘治十七年(1504年)，盘古庙重修落成时，明翰林院检讨马政撰写此碑为贺。盘古庙毁于战火后，庙碑亦失落。2003年11月，人们在大盘古村村民的正房台阶下重新发现此碑。除边角有少许缺失外，碑文完好无损，清晰可见。此碑质地为汉白玉，长113厘米，宽80厘米，厚17厘米。碑额残长86厘米，残高46厘米，厚20厘米，纹饰为双龙，中间为葫芦火焰纹。现碑已迁至盘古祠内。根据碑文记载，此碑为明弘治十七年春正月丁丑立。碑文共505字，记载了盘古出生、盘古入世及盘古庙的历史变迁。原盘古庙曾悬对联一副：日昍晶曪朝天地，月朋朤朤明乾坤。

二、佛教与道教寺观

(一)东光铁佛寺

东光铁佛寺位于沧州市偏西南 60 公里处的东光县城内,人称"沧州狮子景州塔,东光县的铁菩萨"。铁佛寺始建于北宋开宝五年(972 年),距今已有1000 余年。寺内有著名的巨型释迦牟尼像。北宋从开宝到至道年间,大雨频繁,洪水泛滥,死伤者无数。为了乞求神力,人们决定铸塑铁佛,以镇天灾。据《东光县志》记载,铁佛寺原名"普照寺"。民国时期,吴佩孚亲题"铁佛寺"。现"铁佛寺"匾为全国政协原副主席、中国佛教协会原会长赵朴初所题。铁佛寺原址位于县城西南营,"文化大革命"期间被作为"四旧"拆除,铁佛像被运往城东炼铁,寺庙原址则被改建为小学。

1987 年,于现址重建铁佛寺,占地 22.5 亩。新铁佛寺由山门、天王殿、大雄宝殿及东西配殿组成。大雄宝殿正中的释迦牟尼佛高 8.24 米,重 48 吨,为我国最大的座式铸铁佛像。①

(二)青县雷音寺

青县雷音寺位于沧州市青县金牛镇觉道庄村,总占地面积为 13200 平方米。整体建筑有七殿七院、五桥五堡,采用了先秦式城郭构造,并借鉴了布达拉宫的建筑风格,是汇集了汉藏建筑艺术精华的上乘之作。

青县小雷音寺规模宏大,建筑古朴典雅,是华北闻名遐迩的古刹之一。寺内供奉着四大天王,弥勒佛,千手千眼观音,释迦牟尼(左右有阿难尊者和迦叶尊者),西方三圣(亦称"阿弥陀三尊",居中为阿弥陀佛,左为观世音菩萨,右为大势至菩萨),两侧有十八罗汉、自在观音、三皇五帝等。两侧角楼还供奉着济公和关公,万步长城上有孔子殿,供奉着孔子、孟子、朱熹、子路、颜回。

---

①　《全球攻略》编写组:《天津河北攻略》,202 页,北京,中国旅游出版社,2014。

（三）青县观音寺

青县观音寺位于新兴镇大孝子墓村东，历史久远，为我国北方唯一的水上寺院，总面积近 5000 平方米，建筑面积 3300 平方米。[1] 青县观音寺始建于何年何月已无从考证，但有许多王侯墨客到此观瞻，亦为佛界高僧瞻仰之地。

观音寺在康乾时期香火鼎盛，同治与咸丰年间进行了重修。随着清朝衰落，国弱民贫，观音寺也逐渐破败，至清末民初仅剩下残垣断壁。后经募资，重新修建。新建观音寺由山门、鼓楼、天王殿、施无畏佛殿、东方三圣殿、方丈寮、僧寮等组成。寺庙坐北朝南，东西 50 多米，南北 80 多米。[2] 正面是山门，也叫三门，分别为无相门、空门和无作门。三门旁有四只石狮，代表辅正摧邪。三门中间有石雕台阶，饰有五条翻云吐雾的龙。西边是鼓楼，东边是钟楼，晨昏时钟鼓同起同止。

（四）沧县水月寺

沧州水月寺现名为清代所改，原名不知。据县志记载，水月寺原在城外西南角，观灯桥以西，后周广顺三年（953 年）始建。明宣德十年（1435 年），僧人泽安移建于城北盐场东侧。明正统年间，僧人泽一重修。清乾隆五十四年（1789 年），州人宋成文、董宝仁等重修。光绪二十一年（1895 年），梅东益等人又重修。据说，因同治年间运河发大水，在盐场附近决口，洪水从寺庙越过，故以谐音更名为水月寺。

水月寺清代时仅为一小庙，香火不盛，后该寺方丈化得一笔巨资，并得到驻防沧州的统领范天贵及梅东益等人鼎力支持，重修扩建。水月寺由此规模大增，变得气势宏伟。现水月寺有山门（前殿）、次殿、大殿、后殿，为三进院落，均有东西配殿。山门门匾"水月寺"三个唐隶大字，为范天贵手书。前殿两侧有泥塑哼哈二将，高约两丈。次殿供奉弥勒佛、韦驮两尊大佛，两侧还有四大天王坐像，高约一丈五尺。次殿后面为大雄宝殿，高十二丈八尺，殿前平台正中有高约五丈的千斤大鼎。殿内有三尊赤金镀身的大佛，为南海

---

① 孙鹏飞：《祭祀庙宇：香火旺盛的各地神庙》，39 页，北京，现代出版社，2015。

② 孙鹏飞：《祭祀庙宇：香火旺盛的各地神庙》，34 页，北京，现代出版社，2015。

观音、西天如来、释迦牟尼，两侧有十八罗汉。东西北三面墙壁有立体悬空泥塑和壁画，据说是由两位著名民间工匠制作的，反映了佛祖从诞生、成长、出家，到率几百名弟子传经的过程。但见烟云缥缈、海岛仙山、奇峰古洞，流云飞瀑，宛若仙境。后殿内有一座铜塑千手千眼佛，造型奇特，精艺绝伦。

（五）觉道庄青云观

觉道庄青云观位于青县金牛镇觉道庄村村南，占地 11000 平方米。觉道庄村源起于道教，道教文化氛围浓厚。相传春秋战国时期，老子弃官出行，云游四方至此隐居，传经布道。民众由此相聚而居，逐渐形成村落，起名为道德庄。元世祖至元初年，道号为"觉道"的道长来到此处，在原老君讲经道场上营造起青云观。道德庄更名为觉道家庄，后称觉道庄。村子周围先后建起了碧霞庵、五龙圣母庙等。

青云观自前往后有四座殿堂，并有东西配殿。前后四殿分别为圣母殿、三清殿、观音殿、天神殿，配殿有五龙殿、姻缘殿、送子殿、财神殿、福禄殿、龙王殿、地藏殿，最后是觉道祠。青龙观有明清建筑风格，砖木混凝土结构，前后四殿为飞檐跑兽，红墙碧绿琉璃瓦，配殿为红墙青瓦，古朴典雅，构成小规模的仿古建筑群。

（六）鄚州大庙

鄚州大庙位于任丘市北约 10 公里处的鄚州镇，始建于元朝，为纪念神医扁鹊而修建。明万历十九年（1591 年）奉敕重建，建筑面积 157000 平方米。大庙竣工后，钦命每年 4 月为鄚州庙会。历史上的鄚州大庙原建筑坐北朝南，由正殿、三皇殿、东配殿扁鹊祠、西配殿文昌庙组成。正殿供奉黄帝、神农、伏羲；东配殿扁鹊祠又称"药王庙"，供奉神医扁鹊；西配殿文昌庙供奉文昌帝君。鄚州庙几度遭厄，几度重修。1947 年，该庙尚存三大山门，后因保存失当而荡然无存，只剩一片废墟。现仅存庙碑一座，且已断裂。

为了弘扬民族文化，纪念医家扁鹊，任丘市决定在其故里复建鄚州大庙，1992 年完成第一期工程——扁鹊祠，之后于 2006 年进行了整修。新鄚州大庙南北长 250 米，东西宽 80 米，占地 30 余亩。内院有东西殿，外院建有书画陈列室和文物展览室。大庙山门广三间，深二间，单檐庑殿顶，砖石结构，殿顶鸱吻两尾上翘内转，青砖绿瓦，是典型的明代建筑风格。正殿扁鹊祠宽五间，深三间，斗拱木架结构，画栋雕梁，气势宏伟。扁鹊祠正门悬一楹联：历周齐金虢以成名，妙药扫开千里雾；先华葛王孙而著迹，神针点破一天云。

三、清真寺

沧州运河沿岸自元代起即有回族人居住，大量迁入则是在明代。明成祖朱棣为夺帝位，发兵"靖难"，其间在天津、济南与守军对峙日久。1399年，沧州城破。多年战乱使得沧州一带"赤地千里，荒无人烟"。朱棣登基之后，为恢复当地经济发展，于永乐元年从南方直隶（今南京）、江苏等十郡与浙江等九省富庶之地，迁民以充实北方地区。继之又于1404—1405年从山西往北京周边地区迁民几万人。所迁人口包含大量回族人。据沧州地区各县方志及当地人家谱记载，沧州运河沿岸，如沧县、泊头、河间、青县等地的回族人，主要来自浙、皖、晋、鲁等地，其中以南京应天府居多。回族人的大量迁入，直接促进了运河沿岸伊斯兰教的兴盛。自明代起，沧州、泊头、青县各地陆续建起清真寺。据统计，今沧州市辖区明清所建清真寺共128座，形成了较集中的清真寺建筑群。

（一）沧州清真北大寺

沧州清真北大寺位于沧州市解放中路南侧，相传于明永乐初年至永乐十八年（1420年），由吴柞水报地并主持修建。原建筑面积3008平方米，占地5318平方米。[①] 后经扩建，建筑面积达3600平方米，占地约8000平方米。其建筑面积与规模均为华北最大寺院之一，在全国亦负盛名。

自建成至今，沧州清真北大寺几经损坏，多次重修。光绪末年（1908年）地震，大殿向南倾斜，后由沧州著名工匠姜八爷拆除大殿四壁，在城墙上穿洞，用大绳向北校正，方将大殿扶正复原。"文化大革命"后，随着民族宗教政策的落实，该寺进行全面整修。修复后的北大寺基本保留原来的风貌。北大寺东西走向，中院开门。原大门向南，现大门朝北。寺门口曾悬康熙时知州所题"清真寺"匾额一方，现寺名则为回族革命家刘格平所题。大门建有门

---

① 金宜久：《伊斯兰教辞典》，580页，上海，上海辞书出版社，1997。

庭，青砖古式，吻兽龙脊，高阶深廊，阔为三间。中庭院有四面相对的建筑，西面为大殿，东有对厅，南有二层楼一座，北有讲堂五间。天井之中原有陨星一颗，高五尺，横广如"之"，体有穿洞窠臼，玲珑如山，质坚色青，纹若云波。进入后院，高达25米的三层礼拜大殿依次排列在东西中轴线上。大殿呈"主"字形，殿内有粗0.4米、高4～8米的朱红漆柱90根，古朴庄重。殿内面积1250平方米，可供数百人礼拜。礼拜大殿由前、中、后三殿和卷棚组成。三殿连绵起伏，纵观横览，均如笔架。建筑结构由木柱、密梁、尖顶、青砖组装而成，属于文式建筑。

1982年，经河北省人民政府批准，北大寺入选第二批省级文物保护单位。

(二)泊头清真寺

泊头清真寺位于泊头清真街南端，其建成颇富传奇色彩。相传元朝末年，丞相脱脱之子率船队运载建筑元大都的建筑材料由南方沿运河北上。船队行至泊头时，元朝政权被推翻，押运船队的士兵、工匠等无家可归，便指石为姓，就地安家。明永乐二年(1404年)，他们与当地穆斯林合作，用所运石料、木材等修建清真寺。该寺至今已有600多年历史，为泊头市历史最长的古建筑群落。

泊头清真寺几经修缮，规模不断扩大。现寺院面积14600平方米，地面建筑二三百间，建筑面积4000平方米。泊头清真寺为集回、汉风格于一体的古建筑群，规模宏大，雄伟壮观。它融会了建筑、雕刻、彩绘、书法等艺术，有"华北第一寺"之称。

泊头清真寺坐西朝东，整体建筑采用中轴对称式。主体建筑坐落在东西向中轴线上，附属建筑协调对称，分列两旁。重重院落相套，向纵深延伸，将寺院分隔成前庭院、中庭院、大殿前庭及丹墀。该寺主要建筑由东向西依次为寺门、邦克楼(亦称"望月楼")、礼拜大殿。邦克楼高24米，是二层楼阁式建筑，布绿琉璃瓦，三重檐，四角飞檐高翘。礼拜大殿呈凸字型，东西长55米，南北宽29米，面积1595平方米，由前抱厦、前殿、中殿、后窑殿等组成。整个大殿建筑为勾连搭式，三殿建筑风格各异。前殿为硬山卷棚较高，中殿为歇山卷棚稍低，后窑殿则以六角攒尖顶突然拔起，最高点达20米。殿内巨柱方梁，落架高大，后窑殿顶部用方木叠落成六角藻井。

大殿后侧为园林式后花园，树木成荫，环境优雅。穿过月亮门进入北跨院，有沐浴室、议事殿、膳食堂等建筑。北跨院东侧是为清真女寺，与清真寺建筑风格相同。全寺楼、台、殿、阁规模庞大，配置齐全，展现出鲜明的明清宫廷式建筑风格。在部分设施的配置上，某些地方还具有衙署的特点。例如，"上下马石""正步石""静步石"这些设施是一般建筑，特别是其他清真寺所没有的。该寺在结构和艺术上协调统一，门有垂花门、殿宇门、山门、牌楼门和月亮门等，极富美感。尤其是花殿阁的设置，不仅充实了大殿前略显空旷的空间，还把整个寺院建筑烘托得更加华丽。

寺内珍藏有古今匾额、名人字画，如康熙皇帝的圣旨，孔祥珂（第七十五代衍圣公）、张之洞之兄张之万等题写的匾文与当代著名画家的墨宝。另外，享有盛誉的"一步三眼井"、全寺最高点六角亭的藻井、宝顶、百鸟松条儿都有迷人的传奇故事，耐人寻味。

改革开放以来，清真寺得到维修重建，1982年成为河北省重点文物保护单位，2001年7月成为全国重点文物保护单位。

（三）金滩镇清真寺

金滩镇原名"小滩镇"，位于河北省大名县境内。清朝同治年间，礼部尚书毛永熙乘船路过此地，小滩镇人慕其名，设宴招待，请他为本地命名。毛永熙随手写下"金滩镇"三字，沿用至今。金滩镇原有四座清真寺，当时称南寺、北寺、西寺和女寺。1963年因卫河修堤，西寺不复存在。现保存较完好者为南寺。

金滩镇清真寺建于清代，建筑面积达1500平方米。金滩镇清真寺为砖木结构，立体建筑顶部由三座连体攒尖顶组成，方砖铺地，蓝砖砌墙。前拜殿为卷棚顶式，院内有古槐一棵。原有碑记，于1958年大办水利时失没。原有古式门楼一座，上扣琉璃瓦，脊上有兽，前门挂有金字大匾，上书"清真寺"。院内砖木结构古式大殿一座，面积约500平方米。大殿分为古棚、前殿、中殿、后殿四部分。前殿正中头门上有"普慈今世"金字木匾一块。后殿是三攒式窑殿。古棚是后来添建的。前门均为花窗门，门前左右各有一座方石碑。大殿东北是一排七间小屋，作为水房；后有后门，出后门有一大坑，名曰"寺后坑"，据说是当时建寺挖土所成。该寺明、清两代均有重修。1983年，经修葺，金滩镇清真寺基本恢复原貌。

(四)八里圈清真寺

八里圈清真寺位于河北省邢台市临西县东枣园乡八里圈村村西，至今已有近 600 年的历史，是邢台市较古老且保护完整的古寺，也是冀东、鲁西一带著名的清真寺，为河北省重点文物保护单位。该寺东西、南北长阔相当，面积 3305 平方米，始建于明宣德年间。中殿建于嘉靖年间，清道光年间增建抱厦，清代末年增建后大殿。

寺内建筑坐西朝东。正殿分为三进，中间一进为最早建的，第一进其后建，第三进最后建。两边的南北讲堂已被拆除。建筑原为木质结构，为了便于保护，后砌砖墙，墙体已有裂纹。前两进为硬山顶，是研究明清时期建筑艺术的实物资料。后殿的斗拱木建筑及大殿两侧的雕刻刻工精湛，代表了古代建筑的较高水平。

四、运河名塔

古代河北运河区域佛道两教兴旺，除去寺庙道观之外，另有大量塔建筑保存至今。与寺院相比，古塔数量更多，也更加完好。

(一)开福寺舍利塔

开福寺舍利塔，全称"释迦文舍利宝塔"，俗称"景州塔"，位于衡水市景县县城西北角，景安大街北侧。开福寺舍利塔始建于北魏时期，北齐和隋朝时曾重修。现存建筑，按形制分析，主要为宋代所建。塔的第一层有碑刻，证明此塔为北宋元丰二年(1079 年)所建。宋元祐六年(1091 年)、金天眷二年(1139 年)、元至治二年(1322 年)、明正德十二年(1517 年)、清同治八年(1869 年)以及民国时期，都分别予以重修。开福寺舍利塔周围原有明代建筑开福寺、千佛阁、无量殿等，现在只有此塔得以保存。

开福寺舍利塔占地 316 平方米，总建筑面积 1500 平方米。塔体保存基本完整，塔基为后期补做。各层外檐瓦石无存，塔内回廊上部砖制天花已失，各层佛龛内佛像全无，其余基本完好。塔为砖砌楼阁式，平面呈八角形，外檐十三层，底层边长 6.31 米，通高 63.85 米。塔内为穿心式结构，首层自塔身正中直穿塔心登至二层，其后每层均可沿级而上，直达顶层。每层四面辟门，内部回廊环绕。塔身及边长自下而上逐层收分，砌环形走廊，与四面洞户相通。塔刹为三个大小不同的铜制葫芦相串。

开福寺舍利塔造型精美，雄伟壮观，是内涵丰富的古代建筑遗产。清乾隆十三年(1748 年)，乾隆曾到此游览，留诗二首。1996 年，开福寺舍利塔成为全国重点文物保护单位。

(二)庆林寺塔

庆林寺塔位于河北省衡水市故城县饶阳店镇饶阳店村。庆林寺塔建于北宋时期，原属庆林寺古建筑群的一部分。现其他建筑已无存，唯有宝塔独立。

该塔坐南朝北，平面为八角形，下为塔座。塔身高六层，为楼阁式砖塔，总高 35.67 米，建筑面积 165.2 平方米。庆林寺塔造型挺拔秀美，砌筑精巧，每层之间砌有双层塔檐。塔身外壁除四正面辟券门外，四斜面均砌筑盲窗；券门除第六层的四面均可出入外，其余各层均设假门。一至六层塔体形制大体相同，塔内部结构为穿绕心室转折而上楼阁式。塔心室平面形式及结构做法各不相同。塔座北面设一券门，通过券门进入塔座内部，穿心拾级而上，到达一层南券门。出一层南门绕到西门可登级而上，穿暗层，绕塔心柱，从西南方向登级而上到达二层，又从西北面拾级而到达三层。其上儿层均为穿壁绕塔心室的转折阶梯，可通至顶层。二层至五层塔心室均施铺作，墙面设佛龛。六层塔心室不施铺作，直接砌叠涩顶，顶部不用砖收顶，而用木枋"井"字形放置，其上枋变成八角形直到铁制塔刹下。墙体的上部砌出八角形叠涩顶，刹柱穿过叠涩顶直到刹顶。塔刹为铁制，由覆钵、相轮、宝珠组成。

庆林寺塔券门处的装修已无存，墙壁上的盲窗保存完好，装饰式样多达 24 种，较具代表性的有毯路纹、菱花纹，还有常见的龟背纹、万字纹等。因年久失修，加之自然风化和人为破坏，塔基到第二层，北面有两道长 5 米、宽 7 厘米的裂缝，西侧有长 4.5 米、宽 5 厘米的裂缝，各层斗拱飞檐均有不同程度的损坏。塔内通道阶梯均磨损严重，有的已残破。整个塔身已向西北倾斜。

(三)青县双塔

青县双塔位于青县马厂镇刘世印屯，始建于明永乐四年(1406 年)。相传老子曾在此讲学,传播道家学说。明初,青县大地主刘世印信奉道教,在古清凉河北岸建老君庙一座,同时在东侧建塔一座。此塔为纪念其母而建,称"坤塔"。塔为砖木结构,高三丈三尺(代表三十三层天),有身五层(代表五行),呈八面八角(代表八卦)。每层七窗一门,均用方砖雕刻而成。二层正面雕刻刘母的坐像,坐像上方有刻"德及万物"四字的匾额。雍正年间,老君庙被焚,后迁至村东重建新庙。人们在老君庙原址上建了第二座塔,结构和形状和坤塔相同。第二层正面刻有老子的坐像,坐像上方有刻"道贯三才"四字的匾额,称"乾塔"。据说,双塔雄伟壮丽,直插云霄,檐角的风铃在轻风的吹动下常发出清脆的声响。

改革开放以后,在原址西50米处,复建双塔。新双塔于2007年2月27日奠基,7月竣工。新双塔采用钢筋水泥结构,外层镶嵌十几厘米厚的石板,各角安装霓虹灯,坚固美观。新双塔在庄重中透着几分典雅,雄伟中显出几分玲珑。

第五节　其他遗址

河北运河沿岸文化丰富,建筑遗存种类多样。除去上述较为集中的遗迹与古建群之外,另有大量军政设施、名人墓葬、碑刻等历史遗存,为河北运河文化的宝贵构成。

一、军政设施遗址

河北运河区域古代为中原与北方少数民族政权交界地带,是军事边境。清后期,沧州至天津一带成为淮军、北洋军军事基地,遗留下诸多军政设施遗址。

(一)马厂炮台

马厂炮台位于河北省沧州市青县马厂乡下马厂村村北,西边紧靠马厂兵营。马厂炮台在清末肩负"拱卫攸关"的重任,为清代运河防卫的重要军事设施,也是河北运河沿岸现存较完整的唯一军事设施,入选第七批全国重点文物保护单位名录。2009年,马厂炮台被认定为京杭大运河A类遗产点。

鸦片战争后，清政府为富国强兵，于同治十年(1871年)批准修建马厂炮台。李鸿章亲自题写"马厂兵营"四字，于运河河东筑墙15里，炮台9座；河西筑墙9里，炮台14座。屯兵25营，2万余人。① 现存河东土城残垣数段、炮台一座，即马厂炮台。马厂炮台占地面积约3.5万平方米，呈圆形，共三层，通高8米。底层土筑，高2米，直径219米；二层夯土结构，高3米，直径150米；上层三合土夯筑，高3米，直径150米，为中心炮台，台顶置炮。二层炮台周围有24个高3.1米、宽3.6米、深21.7米的红砖券顶的洞室。

(二)东空城

东空城遗址在青县流河镇东空城村西200米，是北宋为防御辽国进攻，加强北部边防而修筑的军事设施。古城为正方形，边长300米左右。城墙为夯土构成，残墙高1～4米；墙顶宽3～5米，城内地面高出城外约1米。据民国《青县志》记载，空城是北宋初年杨延昭镇守边关时，为存放粮草所建，后因国库空虚，未能储备，故称"空城"。东空城遗址于1990年被公布为县级文物保护单位。

二、名人墓葬

(一)纪昀墓

纪昀为清代大学问家，河北献县崔尔庄人。嘉庆十年(1805年)，纪昀卒于北京虎坊桥阅微故宅。嘉庆十一年(1806年)，与马夫人合葬于崔尔庄镇北村。嘉庆派散秩大臣德通带侍卫10员、库银500两，前往北村赐奠，并将刻有御制碑文的墓碑立于墓前。纪昀墓封土呈半圆球形，高5米，底部直径10米，占地80平方米。墓东3米处立有嘉庆皇帝御赐碑，碑身有一雷击所致的不规则裂缝(1986年修葺时重新进行黏合)，阴阳两面精美的云龙浮雕清晰易辨。碑文约有一半字迹可认，一半漫漶不清。神道碑立于墓东15.6米处，蛟龙碑首篆额为"永垂不朽"，碑阳刻有楷书大字"皇清太子少保协办大学士礼部尚书纪文达公神道碑"，碑阴为记事碑文。

---

① 王朝彬：《中国海疆炮台图志》，42页，济南，山东画报出版社，2008。

1920 年，纪昀六代孙纪钜臣回籍省墓，见此墓久未修整，神道碑碎裂，乃予以重修，另立新碑。

（二）何弘敬墓

何弘敬，本名何重顺，字子肃，灵武（今宁夏永宁）人。唐末军阀，魏博节度使何进滔之子。据墓志记载，卒于咸通六年（865 年）。何弘敬 18 岁从军，唐文宗时曾为御史中丞、御史大夫，赐上柱国勋。唐武宗时袭父位为魏博节度使，封游击将军、金吾大将军、银青光禄大夫、户部尚书。懿宗即位后加兼待中、中书令。咸通六年册拜检校太尉兼中书令。

何弘敬墓位于大名县城北 11 公里处的万堤农场，发掘于 1973 年。墓室位于距现地表 6 米深的沙水中，砖墙内有四根横断面呈八棱形的石柱。因墙、柱均早塌落，石柱原来的位置、结构不明。墓室平面为圆形，直径约 6 米，南部开门。墓室地面是一层平铺的石板，石板长度不等，厚约 20 厘米。其下压叠两层厚木板，板长约 8 米，宽 30～40 厘米，厚 20 厘米，均东西向并排拼成，排列紧凑。劈开缺口或撬动木板，有浓烈的松节油气味，或为铺好木板后用松香灌注。木板下是砖砌的圆形基址，内径和深度皆约 3 米。外壁每隔 1 米左右砌有外凸加固的砖垛。墓室南边残存着宽约 1.5 米的甬道基址。甬道南与墓道相接，墓志置于墓道内。

何弘敬墓志现置于邯郸市丛台公园七贤祠内碑林东北。墓志有盖，均为青石质。志盖呈顶式，顶面正中篆刻"唐故魏博节度使检校太尉兼中书令赠太师庐江何公墓志铭"。四周有浮雕兽面及四神，交角处有浮雕牛、马等动物，雕工精美，神态生动。四侧边雕刻波浪，图案简练，线条流畅。何弘敬墓志铭记载了何氏三代为魏博节度使的史实，虽以对墓主歌功颂德为主，但描述广而详，为研究唐代藩镇割据，王朝与藩镇、边境的关系提供了史料支撑。何弘敬墓志因规模之大，雕刻之精美，字数之多，被国家文物鉴定小组鉴定为"国家一级文物"。

三、碑　刻

（一）捷地乾隆碑

捷地乾隆碑位于河北省沧州市沧县捷地镇捷地村，捷地减河闸北 50 米处。原碑于"文化大革命"中被推倒，1985年重修。此碑分为碑座、碑身、碑首三部分，由石榫连接。碑座为青石细雕而成，刻有云朵图案，座底垫有青石基，基石底面刻有"皇恩浩荡"四个大字。现在，"皇"字已缺。碑身由汉白玉石制成，高1.79米，宽1.25米，厚0.3米，四周刻有千勾万连祥云边框。碑首高1.12米，宽1.10米，厚0.4米，由四条龙盘绕而成，正反两面为对称的"二龙戏珠"形状。其龙精雕细镂，刀法细致。

碑址旧基紧靠河堤，碑座及基石存于旧址北侧，碑首仍在旧址上，碑身存于旧址南10米远的河堤处。碑文所刻为修建捷地减水坝的相关内容。

(二)五礼记碑

五礼记碑坐落在大名县城东的石刻博物馆内，为国家级重点保护文物（见图4.3）。此碑形体庞大，为石灰石质结构，"厚四尺，宽一丈三尺，高四丈有奇"，重140.3吨。[①] 据考证，五礼记碑为我国现存最高、最大的古石碑之一。碑首为八龙戏珠圆首，碑额正面透雕盘龙，两侧龙头朝下，龙嘴尖长，生动逼真，气势非凡。

图4.3　五礼记碑

碑额阳面正中为宋徽宗御题篆刻"御制大观五礼之记"双行纵排八个大字，故后人简称"五礼记碑"。碑身两侧为唐代大书法家柳公权墨迹，碑阴刻"唐何进滔德政碑"。碑座为硕大赑屃，虽然头部残缺，但仍可看出雕刻工艺精湛。

---

① 张立芳：《河北文化遗产》，221页，北京，文物出版社，2010。

五礼记碑是唐朝魏博节度使何进滔的"德政碑"。何进滔于开成五年(840年)正月死于任上,赠太傅。唐文宗诏令工部侍郎柳公权撰文并书丹,诏梁王司马元度篆额,立德政碑。政和三年(1113年),宋徽宗主持修编的220卷《五礼新仪》完成,颁布天下并称"其不奉行者论罪"。徽宗为把"五礼"(吉礼、嘉礼、宾礼、军礼、凶礼)作为一代之制,亲作"五礼之记","使之见者有足证焉"。下诏左丞梁子美在北京(今大名)立碑记之。因无碑石,梁子美便磨毁了唐代的何进滔德政碑,刻五礼记碑。对于此事,人们多有记载。赵明诚在《金石录》中写道:"政和中,大名尹建言,磨去旧文,别刊新制,好古者为之叹惜也。"明建文三年(1401年)4月,漳卫漫溢,洪水冲淹大名府城,大碑掩埋地下。后来,大名府知府发掘此碑,然已断分为9块。从此,这块古巨碑在双台村静静躺了400多年。1988年,该碑被修复后立于石刻博物馆。

五礼记碑经历了两个王朝的兴衰,形成了独特的"宋承唐碑"现象,为研究大名府历史提供了珍贵的史料,也是研究唐宋政治经济文化发展的重要文物资料。

(三)朱熹写经碑

朱熹写经碑,又名"朱子太极石刻",位于大名县石刻博物馆内。原碑书于乾道三年(1167年),朱熹撰文书丹,蔡元定刻,立于常州府,即现湖南长沙市。元代时被废毁。明成化年间(1465—1487),大名府督学按照原碑拓片重新翻刻,最初镶嵌于大名府明伦堂大殿山墙上,1986年迁至大名县石刻博物馆。

碑砂石质,高1.8米,宽2.9米,厚0.3米,重4.2吨,座为丰槽角基。碑文:"易有太极,是生两仪,生四象,生八卦,定吉凶,生大业。古者伏羲氏之王天下也,仰则观象于天,俯则观法于地,观鸟兽之文与地之宜,于是始作八卦,以通神明之德,以类万物之情。天地定位,山泽通气,雷风相薄,水火不相融。八卦相错,数往者顺,知来者逆,是故易逆数也。朱熹书,蔡元定刻。"

(四)狄仁杰祠堂碑

狄仁杰祠堂碑位于河北省邯郸市大名县孔庄村北(见图4.4)。魏州人民怀念狄公恩德,为他建造生祠。后来,祠堂因乱而废。一说毁于战乱;一说狄仁杰回长安后,其子为所欲为,引起民愤,群众怒而焚之。原立碑额题"大周狄梁公祠堂之碑"。唐元和七年（812 年），魏博节度使田弘正悼念狄公盛德，在原址重修祠堂时重立石碑，碑名改为"大唐狄梁公祠堂之碑"。因其有教子不严之过，故新碑斜置，并非正南正北。

图 4.4　狄仁杰祠堂碑

碑全高 4.46 米，宽 1.46 米，厚 0.46 米。碑身淤地之半，上部稍风化，有轻微裂痕，碑座淤埋地下完好。碑阳刻记碑文，记述狄公在今大名任刺史时的政绩和重修祠堂及碑的过程。碑文字体工整，笔法俊秀。

(五)马文操神道碑

马文操，元城(今大名)人，唐末魏州武将，官至金紫光禄大夫、检校尚书、左仆射，因兵变被杀。长子马全节投降后晋，次子、三子及马全节的两个儿子先后在后晋任要职。晋高祖石敬瑭追赠马文操秘书监之职，并诏令贾纬等人于天福六年(941年)，为马文操立神道碑，抚勉其后代。马文操神道碑原位于大名县寺庄村西，后移于大名县石刻博物馆(见图4.5)。

该碑为青石质地，碑首、身为一体，原座已失。现通高3.40米，宽1米，厚0.36米，为龙首碑。碑首高1.17米，宽1米，厚0.36米。碑首阳面题额篆刻"大晋故赠秘书监马公神道碑"，3行4字排列。碑身阳面行书碑文，计3390余字，主要刻记马文操生平、家世及朝廷对其后人的册封。碑文字体如行云流水，有很高的书法价值。马文操神道碑现为河北省重点文物保护单位。

图4.5　马文操神道碑

第五章 河北运河特色文化

自汉代以后，运河区域即凭借丰富的水资源，成为河北平原农业、手工业与商业贸易发达的区域，亦成为河北接纳吸收外来文化的重要区域。各区域、各民族文化跟随南北往来的官船、商船汇集于此，形成开放、多彩、丰富的文化氛围。

第一节 武术与杂技

一、武术文化

河北运河区域武术文化历史悠久，流派众多，为中华武术文化发源地之一。古代河北平原地处中原与北方游牧民族交界地带，屡受游牧民族骚扰，战乱频仍。军事冲突的频发与恶劣的生存环境使河北自古形成尚武之风，名将辈出。此谓"燕赵多慷慨悲歌之士"。

沧州地区地势低洼，土地贫瘠，旱涝灾害频发，百姓生活困苦，盗匪猖獗。民众为求自保，不得不诉诸武力。元明清三代，运河漕运繁忙，沧州地区因运河穿境，成为交通要冲，四方商品在此集散。无论政府漕船还是民间商船，为保平安，均会雇镖。这使素有习武之风的沧州镖业益愈兴盛，镖业的发展反过来又使沧州习武之风更烈。据统计，明清时期，沧州籍武进士、武举人达1800多人。民国《沧州志》载："沧邑俗劲武尚气力，轻生死，自古以气节著闻。承平之世，家给人足，趾高气扬，泱泱乎表海之雄风。一旦有事，披肝胆，出死力，以捍卫乡间，虽捐弃顶踵而不恤。"沧州民间武术兴于明，盛于清。至乾隆时，沧州成为天下公认的武术之乡。清末，"镖不喊沧州"已为南北镖行之常规。沧州以外运河区域，如香河、大名等地亦多尚武，习武之风长期盛行。

源起或流传于沧州的著名拳种有八极、劈挂、燕青（迷踪）、明堂、太祖、功力、螳螂、查滑、六合、昆仑、飞虎、太平、八盘掌、地躺、青萍剑、昆吾剑、闯王刀、疯魔棍、苗刀、形意、戳脚、翻子、少林、埋伏、花拳、勉张、短拳、阴手枪、杨家枪、太极、八卦等52种，约占中国拳种的40%。其中，以八极、劈挂、燕青、明堂、太祖、功力、螳螂、查滑影响最大，号称沧州八大门派。2006年5月20日，沧州武术入选第一批国家级非物质文化遗产名录。

现沧州习武人数达30万人，规模性武术学校有3所，大小拳社近百家。武术被列为中小学校体育课教学内容，有多所中小学建立了武术队。[①] 自1989年起，沧州每四年举办一次武术文化节，至2018年已举办十届。该文化节亦成为中国武术界的交流平台。河北其他运河区域亦有独创拳法，著名的如文安县八卦掌、大名佛汉拳等。

（一）八极拳

八极拳，又称"开门八极拳"。《沧州志》记载，八极拳为清代沧州孟村武术名家吴钟所创。但也有说法认为，该拳早在晋代就已经形成，至清代广为流传。据拳谱记载，清朝雍正年间，自称"癞""癖"的云游武林高手，分别向孟村少年吴钟传授了精湛的技击术。吴钟勤练多年，终于以大枪成名，有"从南京到北京，大枪数吴钟"之说。《孟村吴氏八极拳秘诀之谱》即有"文有太极安天下，武有八极定乾坤"的记载。根据清代郭庆藩《庄子集释》卷十的疏解，"八极"指美、露、长、大、壮、丽、勇、敢。八极拳是专讲"破门而入，贴身近战，以对家的胸腹为主要攻击对象"的拳法。所谓"门"，指两臂；"开"者，开门之谓也。[②]

---

①　吴昌华：《节海导游》，342页，济南，山东友谊出版社，1997。

②　马明达：《"八极"和八极拳的来源——八极拳古今漫谈（二）》，载《武林》，2000(4)。

吴钟以后，沧州八极拳逐渐发展出两个支派。一支由孟村吴氏本家及其门生历代传衍。另一支则由罗疃张克田、李大中等传承，其传人又分回、汉两系。后来，霍殿阁将该拳传至东北，另刘云蹬、李元留等传拳台湾。当前的八极拳主要有吴氏八极、霍氏八极、马氏八极、刘氏八极四个流派。四大流派虽有不同，但都无一例外地保留了八极拳简洁朴实、近身发力、刚猛暴烈的风格。

沧州一带八极拳名家纷出，流传着许多武林佳话。相传，吴钟曾于雍正十三年（1735 年）只身去往少林寺，机关暗器无一沾身。乾隆初年，爱新觉罗·胤禵招吴钟进京比试技艺，吴钟以枪刺其眉。胤禵大为折服，以师礼待之。此后，吴钟名声大振。吴钟之后，沧州地区又出过多位八极拳大师。沧县罗疃村（今属孟村回族自治县）李大中以铁指称著武林。据民国《沧县志》记载："他练指如铁叉，以触壮士，皆颠仆数步之外。"沧县张旗屯村（今属南皮县）八极名手王中泉则有"神棍"之称。宣统元年（1909 年），王中泉年已花甲，在北京九门"挂棍"，屡战不败，威震京都。孟村自来屯村人强瑞清在沧县、南皮、盐山、庆云等处开设"把式房"72 处，招收学员上万人。

当前，八极拳已成为国家级非物质文化遗产，八极拳研习也已由防身制暴转化为强身健体。

（二）劈挂拳

劈挂拳，古称"披挂拳"，亦名"抹面拳"，因多用掌，故又称"劈挂掌"，是典型的长击远打类的传统拳种。该拳擅长中、远距离克敌制胜，讲究放长击远。劈挂拳早于明代中期就已在民间流行，戚继光在《纪效新书》中，就对劈挂拳做了精辟的论述："活足朝天而其柔也。"到清朝中期，劈挂拳的两大支出现在沧州武术界。一支为沧州南皮大庞庄郭大发，主要传授劈挂拳的快套、挂拳等；另一支为沧州盐山大左家村左宝梅（人称"左八爷"），主要教授劈挂拳慢套和青龙拳。清后期，沧州劈挂拳盛行，名人辈出。

1928 年，南京成立了中央国术馆，劈挂拳成为其研习演练的高级拳术。20 世纪 30 年代，武术大师郭长生、马英图创编了疯魔棍、劈挂刀，填补了劈挂拳系没有器械套路的空白。1949 年中华人民共和国成立后，劈挂拳被列为武术竞技项目。1984 年，沧州体委成立了沧州武术馆，设劈挂拳班，面向全国招生。1987 年，开始有来自日本、美国、韩国等国的学生来沧州学习劈挂拳。1996 年 11 月，在国内外有识之士的发起倡导下，沧州通臂劈挂拳研究总会成立，之后于韩国釜山，美国纽约，中国上海、北京、浙江、吉林等地成立分会。

劈挂拳发展至今，技术体系完善，内容丰富，拳械全面，已入选第二批国家级非物质文化遗产名录。

（三）燕青拳

燕青拳，又称"迷踪拳"，据载出自少林，最早为少林达摩祖师所创，至今已有 1400 多年的历史。燕青拳于乾隆年间传入青县。20 世纪二三十年代，受战争的影响，燕青拳在青县发展至鼎盛时期。当时全县练燕青拳的村庄有 60 多个，人数达 5000 多人。故此，青县有"燕青拳之乡"的美誉。燕青拳动作轻灵敏捷，灵活多变，讲究腰腿功，脚下厚实，功架端正，发力充足。此外，眼神和腿法的配合独具风格：眼神集中一点，兼顾八方，眼助身法，眼助气力；腿法要求劲足力满，干净利落。其拳套由 50 多种手型、步型、腿法、平衡、跳跃的动作组成。

现在青县习练燕青拳者多为第七、第八代弟子。据传，最初此拳拳术和器械套路并不多，历代拳师在传授和发展中不断汲取其他拳种的精华，逐渐形成了如今内容丰富、套路繁多、博杂精深的拳种。

（四）功力拳

沧州功力拳讲究内功练气，外功练力，内外合一乃为功力。功力拳在沧州境内共有两支：沧州城南尹家桥为一支，沧县高河村（今属孟村回族自治县）为另一支。功力拳法风格舒展，节奏明快，浑厚质朴，端庄扎实，实而不华，力随招发，招随式出，敏快理通。此拳法集健身、防身于一体，有调气、劲力、功架之独特练法。习练者，可视年龄和体质之差异，分武功和内养功两种练法。拳械套路之编排，先简后繁，先慢后快，一招一式，皆具哲理。其击法力猛脆快而不过劳伤气。练毕，有心静气顺力通神足之感，无气喘变色之状。

（五）文安八卦掌

八卦掌相传为清代嘉庆年间文安人董海川创设。董海川自幼喜武，少年时就以武勇之名声震乡里。据董海川墓志铭记载，其人"少任豪侠，不治生产，法郭解之为，济困扶危，不遗余力，性好田猎"。董海川成年以后游历四方，受道家修炼术的启示，创编八卦掌。后入京供职于肃王府，在肃王府教授八卦掌，该拳法得以传出。

根据刘敬儒书中所述，八卦掌是以掌法变换和行步走转为主的内家拳术。习练时走圈，每圈八步，合于八卦的八个方位，故名"八卦掌"。八卦掌以八卦作为基本拳理，根据"一阴一阳谓之道"的传统易理，渗透着博大精深、神奇巧妙的武术之道。董海川传授八卦掌后，八卦掌以长于变换的技艺精髓迅速为天下瞩目，名声大振，在北京形成一大武术流派。同治十三年（1874年），董海川辞府，游居弟子家，专门开课授徒。"游其门者，常数十百人"，"请艺者自通显以至士贾与达官等几及千人"。第二代弟子以后，八卦掌在河北、山东、天津等周边地区广为传播。

因其在武术界的深远影响，八卦掌被尊奉为中国武术内家拳三大武术流派之一。

（六）大名佛汉拳

佛汉拳亦称"佛汉捶"，俗称"佛拳"，系由达摩所创。南北朝梁武帝大通年间，达摩禅师东游汉土，入住少林寺，遂将此拳传与寺僧，被少林寺视作珍宝，秘不外传。佛汉拳大约在清咸丰年间从大名传播到民间。河北大名县虽非佛汉拳首创之地，却是促使其走向民间、发扬光大之地。根据《佛汉拳传承发展及特点的探究》一文，佛汉拳集中分布在大名县的大街乡、龙王庙镇、大名镇、孙甘店乡、北峰乡、西付集乡、金滩镇、旧治乡、红庙乡、万堤镇、西未庄乡等乡镇，习练者近10万人。

最先将佛汉拳传播到民间的是贾云路。贾云路为河北长垣县人，自幼酷爱武术，后来求师访艺于少林寺，以俗家弟子身份学习佛汉拳，悟得精髓。贾云路曾任清军征西先锋官，晚年辞官来到大名。当时大名商业兴盛，镖局林立，习武风气盛行。贾云路来大名后以艺会友，无人出其右，在大名武术界名气大增，佛汉拳随之迅速传播。大名东关富户吕尊周拜贾云路的徒弟何金成为师。贾云路居住吕家，游学于城内和乡村各场，十年不辍。据碑文记载，贾云路教授入室弟子42人，弟子上千人。弟子们的不懈努力将佛汉拳发扬光大，在晋冀鲁豫四省传播尤广。

民国以后，佛汉拳在大名进入鼎盛时期。大名一驻军师长酷爱武术，非常喜爱佛汉拳，遂拜何金成为师，并把佛汉拳作为军事教练重要课目。也是在这个时期，南李庄佛汉拳门人李友华与洪拳门人朱氏发生纠葛，打擂比武。李友华胜，佛汉拳身价倍增。李友华的弟子树碑纪念，碑正面两联曰："不亚东洋武士道，可追中原少林风"。

改革开放以后，尤其是在恢复了"散打""拳击"等比赛项目后，攻防含义丰富的佛汉拳又受到武术界人士的欢迎，套路、招式也有了新的发展。2010年，佛汉拳入选河北省第二批非物质文化遗产名录。

二、吴桥杂技

(一)历史演变

沧州市吴桥县素称"杂技之乡"。杂技，民间俗称"耍玩艺儿"。吴桥有非常浓厚的杂技风气，民谣说："上至九十九，下至才会走，吴桥耍玩艺儿，人人有一手。"吴桥多个乡镇都有杂技艺人，较集中的有沟店铺、于集、铁城等。以村民集中练习杂技的范屯村为例，该村有三百多户人家，有20多人在异国他乡耍杂技，50多人在省市级杂技团里担任主演和教师，村里还有杂技艺人和会杂技的农民、学生400多人。吴桥杂技以其惊、险、奇、绝的独特魅力，于2006年被国务院列入第一批国家级非物质文化遗产名录。

民间传说，吴桥杂技始于唐代，为吕洞宾所传授。唐代书生纪晓堂两次进京赶考，但都因未行贿，中了进士后被除名。一气之下，他只身云游四海。后至终南山下，遇杂技之祖吕洞宾，便拜师学艺。出师后，他浪迹至吴桥，安居在一座道观里，收徒传艺，促使吴桥杂技声名鹊起。事实上，吴桥杂记的历史远早于此。吴桥，据说是孙武后代的封地，以孙姓命名的村就有前孙、后孙等十多个。吴桥古城东南面是土丘，传说是孙膑与庞涓打仗时摆"迷魂阵"的遗址。吴桥人习武练杂技之所以早，就与此有关。战国时期中山国古墓中已有演练杂技形象的银首人俑铜灯。1958 年，吴桥县小马厂村发现一座南北朝东魏时期（534—550 年）古墓。古墓的壁画对杂技做了生动形象的描绘，如倒立、肚顶、马术、蝎子爬等，表明早于南北朝时期，吴桥即有非常成熟的杂技艺术。

宋朝时，杂技走向民间，明清时期更加繁荣。据《吴桥县志》记载，明代阁老范景文（吴桥籍）在《游南园记》中记叙了当时在祭台（吴桥旧县城南门外）观看马戏的盛况："至则数健儿在焉，见所乘马，翘腾不胜，气作命取，驰骤道上。于是，人马相得，据鞍生风，蹄蹴电飞，着眼俱失，急于雾中辨细之，见马上起舞，或翻或卧，或折或踞，或坐或骑，或抱或脱，或跃而立，或顿而侧，时手撒辔，时脚蹬靴，时身离蹬，以为势脱将坠矣，而盘旋益熟，观者无不咋舌，而神色自若矣。"这表明明代吴桥杂技已达到很高水平。明中叶，吴桥杂技逐渐形成两派：一派是以北牟乡为中心的东派，后逐步蔓延到宁津、南皮等县；另一派是以仓上、范屯为基地的西派，后来实力强大，影响到吴桥全县。清末民初，各门逐渐融为一体。

吴桥杂技之所以能长期流传，与当地的恶劣环境不无关系。吴桥县位于古黄河下游。西有大运河，东靠四女寺河，纵横河流占去大片土地。这里土地盐碱化严重，水灾频繁，又是历兵战乱之地。为求生存，吴桥人更多选择以当地长期流传的杂技技艺为谋生手段，浪迹江湖，卖艺糊口。吴桥艺人或单人独行，或携子女门徒，背井离乡。其表演场地主要是在闹市"撂摊"，有时也去富人家中演堂会。

随着世界文化交流越来越频繁，吴桥杂技开始走向世界。1889 年，同乐杂技班赴越南、缅甸演出，为吴桥杂技走出国门之始。进入 20 世纪，吴桥杂技艺术在世界上迅速传播，吴桥杂技艺人的足迹遍布欧美、东南亚。"没有吴桥人，不成杂技班"，已是十分普遍的说法。据不完全统计，吴桥艺人到达的国家和地区有 50 多个，有成百上千吴桥杂技艺人分布在俄罗斯、乌克兰、日本、印度、缅甸诸国及欧洲、美洲等地，使杂技成为中国文化的名片。

（二）代表项目

吴桥杂技经上千年传承演变，形成了独特的表演、道具与管理模式。传统杂技技艺为跟头、戏法、武术和简单驯兽项目。清末民初，杂技达到发展高潮，杂技项目融合为三大类：签子活、粒子活、驯兽。签子活，包括飞叉、转碟、杠子、脑门子、叼活等；粒子活，包括魔术、刀门子、水流星、火流星、钢丝、绳布袋子、口捻子等；驯兽，包括驯猴、羊、虎、熊、马、蛇等。另外，还有吞剑、吞钢球、吞蛇、秋千、叠椅和高空节目。现今吴桥杂技节目有道具技巧、肢体技巧、马术、滑稽、传统魔术、乔装仿生、驯兽 7 类 486 个单项。

道具技巧类，包括口捻子、转碟、蹬技等节目。口捻子是以口叼为主的杂要节目。早期的口捻子包括四号子、小钢叉、针尖对针尖、象牙对象牙、金钱对金钱、月牙对月牙、小刀对小刀、脑顶叉、木人子、鲤鱼跳龙门等。随着杂技艺术的发展，口捻子又增加了要球、要瓶、顶水杯等。转碟古时叫"杂旋"，又称"旋花盘"，是吴桥杂技的传统节目。最初艺人每只手仅要 2 个盘子，后发展到 4 个盘子，并且还在转碟的同时做些滚翻、后弯叼花等高难动作。蹬技为用双脚要弄。吴桥的蹬技以重蹬技最为出名，所蹬重量最多可达 500 公斤。发展到舞台表演后，蹬技已发展成为 20 多个节目，除蹬缸、蹬伞外，还有蹬人、蹬坛、蹬木盆、蹬扑克牌、蹬花瓶、蹬板凳、蹬桌子、蹬椅子、蹬梯子、蹬大车轮、蹬卧单片、蹬木棒等。

肢体技巧类，即软功，又称柔术，是具有典型民族色彩的传统杂技技艺。艺人经长期的基本功训练，以柔软的体形表演多种技巧。吴桥软功节目有 20 余种，其中最有代表性的有滚杯、柔术叼花、钻木桶、上刀山、跳板等。平衡类，代表节目有车技、杠竿、顶技、晃板、椅子顶、走钢丝、顶碗等。高空类节目过于惊险，难度大，但随着现代保障技术的发展，已逐渐成为吴桥杂技的重要节目。代表性节目有一字飞人、十字飞人、空中飞人、浪桥飞人等。

马术是传承历史最长、承载历史文化最多的吴桥杂技代表技艺。杂技界流传"没有马戏不成班"的说法。吴桥马戏的主要项目有马上单人表演技巧（八步赶骡、抱绺、大站、撂梭、探海、飞燕、镫里藏身、马上后空翻绕脖、肚下过身、马上杂要、箭射金钱眼），马上二人技巧，一人跨双马（一马双跨），双马三人技巧，关公劈刀，三英战吕布等。

吴桥滑稽戏多喜剧风格，有单人表演、双人表演与多人表演形式。按演出形式可分为串场滑稽和幕间滑稽，按表演技巧又可分为文滑稽和武滑稽。

文滑稽代表节目有三套瓶、打碗、顶纸条、吃苹果等；武滑稽代表节目有抢椅子等。

吴桥魔术历史久远，西汉时期就已有成熟的表演形式。代表性节目有手彩，属徒手魔术。吴桥艺人的手彩表演有变彩绸、苗子活等十几个节目。手彩一般分为三种类型。一是纯手法的，被变物品本身不带机关，凭手上功夫，把物品变来变去，如变扑克牌等。二是手法加带机关，艺人手上带有指套（手扣、指甲），或与助手配合完成节目，如变彩绸等。三是"抢彩"。艺人预先把要变的物品隐藏在身上、道具上或别的地方，表演时声东击西，以极快的速度将物品取出，如苗子活、钓鱼等。经历代艺人的探索创造和艺术实践，手彩技艺已有九连环、出月、仙人脱衣、吃火吐火、吃针穿线、拉罩子、海里蹦、彩合子、彩扇子、倒包子、鸳鸯棒、落活、砸碗子等20余种。

第二节 运河船号

大运河为人工河，水流舒缓，船只运行有时需船工撑篙引绳。船工包括船上的撑篙人、掌蓬人和拉纤的船夫。因漕运繁忙，各类船只往来不绝，做船工就成为下层劳动者靠力气谋吃食的选择。明清时期，常年劳作在南北运河上的纤大多达几千人。船工号子是船工们在长期的行船中，创造传承的一种劳动歌谣，多半唱半喊，具有高亢、明亮、浑厚、激昂的风格。船号可抒发情感，鼓舞人心，还可起到指挥船工整齐动作、统一步调的作用。运河船号最初是船工们在劳作中即兴创作的，经长期传唱，逐渐中规中调，形成富有美感的音乐作品。

运河船号一般采用号头领唱、众船工合唱帮腔的演唱形式，多根据地理环境和唱者心情感受而即兴编唱，用于不同的工作程序与工作场景。例如，逆水而上和顺流而下有不同唱腔。水流平缓时，号速平稳，音调悠长，节拍变慢。逆水行舟或遇紧急情况时，节奏加快。

一、打锚号

锚即固定船只的器具。船靠岸时，把锚抛到水底，可避免船顺水漂走。锚在船头与船尾都要安装。船头锚称"头锚"，锚链可达一米多长。船尾锚称

"稍锚"，稍小于头锚，多在一米以下。打锚是开船的第一道工序。打锚号是船工拽锚时所唱的号子，起承分明，充满活力。号头一宣布"起锚啦"，便有四五个船工一起打锚。因打锚时间较短，打锚号曲式结构以短小为特征。例如："（领）外号！（合）外嗨！（领）外哎号！（合）外嗨！（领）千斤！（合）外嗨！（领）万斤！（合）外嗨！（领）老锚龙！（合）外嗨！（领）纵身！（合）外嗨！（领）打高了！（合）外嗨！"

打锚时船工人数较少，锚打高时也都能清楚看到，故打锚号无专门的收号。锚打到一定高度，领号一停，大家也就不再应号，打锚工作即告结束。

二、打蓬号

打蓬号为船只上航（逆水航行）升帆时所唱的号子。因为船工们忌讳"帆"（翻）字，故改称"打蓬"。每次升帆时，头工先喊，"打蓬啦"，船工们迅速站到各自位置做好准备。头工领唱，船工跟唱，伴随号子节奏齐用力。打蓬的不同阶段有不同节奏，可分为起号、行号、散号。起号为打蓬预备与刚开始的号子。头工一领唱，表示打蓬开始，大家紧随其后应号，在应号的同时往外拉一把绳索。头工再领唱时要倒一把绳索。当绳索都拉紧时，船工便用高亢明亮的号声接唱。行号为整个号子的中间部分，用于起蓬以后到升至桅杆顶端以前。因为帆要缓步升起，故节奏稍慢于起号。散号也叫老号，节奏自由，用于帆升至桅杆顶端时。此时船工力气已消耗大半，而胜利在望，希望一鼓作气将帆升上去，故节奏自由，充满激情。

打蓬号唱法大致如下："（领）往上打！（合）外！（领）外外哟！（合）外哟嗨！哎外哟外哟嗨。（领）往上打，外哟！（合）噢外哟外哟外哟嗨嗨！（领）往上打！（合）外哟嗨！（领）嗨！（合）嗨！"唱词只有领号人唱出的"往上打"，其余均由衬词填满，节奏鲜明，有气势。

三、拉冲号

打蓬结束后，便进入"拉冲"环节。冲是固定帆用的绳索，有大冲、二冲之分（也称"外冲""内冲"）。帆升到合适的高度，需要把绳索将其固定，即拉冲。拉冲时唱的号子即为拉冲号。大冲需要一两个人，二冲需要三四个人。拉冲号需要头工领唱，节奏逐渐加快。例如："（领）外薅，外薅，喂拉哟哟！

(合)外嗨！外嗨！哟嗨！（领）冲满了！跑远了！跑一天！冲到尖！（合）嗨！嗨！嗨！嗨！"号子中"外嬷"意为快点拉，船工合唱"外嗨"时则用力拉冲。

四、拉纤号

船在逆水航行时，单靠帆的动力不足以带船前行，需要船工到河滩或河岸上拉船航行。"脚踏石头手扒沙，弯腰驼背把船拉"是对拉纤场景的生动写照。船工拉纤时所唱的号子即为拉纤号。一般而言，一艘100吨位的船需要十四五个人拉纤。纤工需要把两根细绳穿到纤板上，再跟纤绳系在一起。两根细绳与纤板成三角形，拉纤时将纤板斜挎在肩上。号工行走在拉纤队伍的外侧，以号子鼓舞士气，统一步调。号工即拉纤号的领唱者。

拉纤号分为起号、行号与收号。起号用于纤工开始迈步时，几乎与撑篙号同时起唱。强拍迈右脚，弱拍迈左脚，一步一拍。因船起动缓慢，起号具有曲调简单、缓慢舒展的特点。行号为船起动以后在行进过程中唱的号子，为拉纤号的核心部分，可伴随船工行进一直唱下去，节奏平稳，唱词丰富。收号为结束拉纤时唱的号子，如遇到"对头船"，或中途休息、吃饭、喝水等。收号节奏要较行号拉长一倍，声调上扬，可使纤工集中注意力，迅速停止拉纤。拉纤号唱腔如下："（领）喂，拉起来哟！（合）喂哟嗬！（领）哟喂哟啊哩喂呀！（合）喂哟喂咳！（领）一不要慌来！（合）咳哟的咳呀！（领）二不要忙！（合）咳哟喽咳呀哈！（领）三要（那）兄弟哥们！（合）咳哟喽咳呀！（领）要力气长！（合）喂呀嚎！（领）噢喔噢嗬喂呀！（合）哎噢咳！（领）哎，拉上劲！（合）哎呀哩咳呀！（领）哎来哩嗬咳噢！（合）咳啊！"

五、闯滩号

船行驶到弯多易搁浅的地段，需要船工拉纤牵引着船只安全驶过。这时唱的号子就是闯滩号，曲调扎实有张力。例如："（领）大运河上弯连弯！（合）哎嗨哟！（领）九曲回转往前赶！（合）哎嗨哟！（领）一声号子我一身汗！（合）哎嗨哟！（领）一声号子一身胆！（合）哎嗨哟！"

六、撑篙号

闯滩时，为使船快速驶向正确航向，船工要在号头的带领下撑起长篙，以肩顶篙，用篙撑住水底或岸边的某个物体往船后走。船会在反作用力下向前开动。撑篙时所唱的号子就是撑篙号。撑篙号强调用力均衡，每撑一篙，所唱号子都是一个完整的乐段，包括起号、行号、收号三个部分。每一篙，当船工走到船尾时即唱收号。例如："（领）噢喔嚎嚎嚎喔喔嚎嚎嚎哎，嘿哟！嗬！（齐）咳嘿哟嗬咳！（领）喔！都下篙！（合）噢嗬咳！（领）啊嗬喔！（合）哟嗬咳！（领）呃哟嗬啰！（合）哟嗬咳！（领）你着劲撑！（合）哟嗬咳！（领）往后走！（合）哟嗬咳！（领）哎哩哟来！（合）哎哩哟来！（领）噢喔嚎嚎喔咳哟嚎嚎！（齐）哎咳哟咳！（领）喔！下抬篙！（合）噢喔咳！（领）噢嚎噢！（合）噢嗬咳！（领）哎哟喽！（合）呃嗬咳！（领）往后走！（合）哟嗬咳！（领）哎哩哟咳！（合）哎哩哟咳！"

七、窜篙号

窜篙号一般用于下航。下航时船速较快，为了确保行船的安全，必须用撑篙的办法来应付随时可能出现的险情。如果下篙不及时或力度不够，或者摆舵不及时，船就会按原速冲向对面的河滩或河岸，出现"抢岸"现象。如果头工指挥不当，使船工撑篙力度过大，即使仅多撑一篙，也会增大船的转弯速度。加上向心力的作用，就会使船横贯河两岸，卡在河中，出现"大关门"现象。以上两种情况，均可导致堵塞河道，影响航行，严重者还会造成船毁货沉。船工下航时需要动作高度一致，用力适度，头工需要指挥果断、准确，具有丰富的航河经验。由于撑篙的速度和动作相对较快，故将此时唱的号子叫"窜篙号"，实际就是快速的撑篙号。窜篙号节奏激昂。例如："（唱）喂嗬噢嗬噢！喂嗬嗬喂哟喂嗬！喂喂！（白）都下篙噢！（唱）喂嗬！喂嗬！喂嗨呦！嘿！喂喂！（白）往前送呦！（唱）喂嗬哟喂嗬喂噢！（白）上来了！（唱）喂嗨！呦喂嗬！喂嗨！哟来！"

八、摇橹号

南运河地处河北平原，大部分河道较直且河面宽阔，水流平稳，适合摇橹。船工一边摇橹一边唱的号子叫摇橹号。因摇橹时航行平稳，没有险情，也不需要集中用力，故摇橹号节奏平缓，声调柔和，内容活泼，多为抒发情感之作。例如："（领）三八赶了个独流集呀，三个子儿呀，买了个秋白梨呀，走一步哇咬一口哇！（合）滴滴答答流白水啦，哎呜喂哎！呃呀呃哎！"

摇橹号起号与拉纤号大同小异，行号更富有动力感，收号则与拉纤号相同。

九、绞管号

枯水季节的河水较浅，达不到船的吃水深度，就用绞管的办法将船拖过浅滩，避免搁浅。此时唱的号子称"绞管号"。绞管号根据绞管的程序，分为起号、行号、散号和收号四个部分。起号节奏较慢，意在等待其他船工上管。待船工全部到位，绞几圈以后，需要全体用力，号子也转为行号。行号节奏较强，船工需紧跟节奏，整齐步伐。一般强拍迈右脚，弱拍迈左脚，一拍一步。若河水太浅，会出现缠索绞断的情况，这时需要船工跳入河中从两侧把船撬起来，以便使船身离开河沙，让水流到船底。此时唱的为散号。船绞起后，船工可合力一鼓作气将其绞入河中，脱离险滩，此为收号。

绞管号节奏如下："（领）喂上喂哩喂哟！（合）喂喂哟！（领）绞上么来呀！（合）喂喂呀！（领）喂上喂哩喂哟！（合）喂喂哟！（领）众位个弟兄们啊！（合）喂喂呀！（领）齐用个力呀！（合）喂喂呀！"

十、警戒号

警戒号主要应用于夜晚或大雾天，是为了防止发生危险而唱的号子。古时船行主要依靠人力，船工多在船的后半部。为避免晃眼看不清河道，船在晚上时一般不会点灯，主要依据号子声判断是否有船只经过，还可根据对方的号子声判断出两船的距离及纤夫在河的哪一边拉纤，以便提前做好让船的准备。例如："（领）喂哟，拉住了！喂喂！（合）嗨哟！嗨嘿！（领）喂喂！外哎！（合）嗨！外哟！（领）外哟！喂哇呀哈号！（合）外哟！嗨呀！"

十一、联络号

联络号与警戒号基本相同，但用途不同。联络号是船上船下、船与船之间进行联络的号子。联络内容如开饭、船与船之间赶超协商等。例如，开饭时间到时，号头便会唱起联络号，通知船工们开饭。在航行中，如果号头听到联络号，就表示后面的船即将追上前面的船。后船号头唱起联络号来征求前船号头的意见，问是否可以越船。如果同意，前船号头同样会唱起联络号通知后船，同时靠边，为后面的船让道。

十二、出舱号

船驶达目的地，进入码头并靠岸停泊后，船工卸载货物时唱的号子就是出舱号。卸货分为货物出舱、搭肩、扛包三个环节。出舱号如下："（领）喔号号也来！喔也倒！喔也嗨！喔也甩！喔也嗨！（合）外呀嗨！外呀嗨！外呀嗨！外呀嗨！外呀嗨！（领）叫了四个来俩外外呀嗨呀外号！外哎号！噢哎号！（合）俩外外呀嗨呀！外嗨！外嗨！噢！（领）外哎号！哎呀倒！哎呀甩！三儿来吧！一来个啦呀儿啰！（合）外嗨！外嗨！外嗨！外嗨！一来个啦呀儿啰！"

十三、呀哟歌

呀哟歌严格讲不算船工号子，是运河两岸养船人家欢度新年的歌。每到新年临近，养船人家多习惯于聚到较大的船上，共同庆祝佳节。招集人一般摆好果品，敲响大铜锣（只有大船上有），召集各家齐聚到自家船上。其他船家身穿节日盛装，在甲板上围成一圈，唱呀哟歌迎接新春。场面喜庆热闹。

呀哟歌一般由威望高的人担任领唱，有时为活跃气氛，也可临时推选一人领唱。歌唱时先由大家合唱"呀哟一个呀哟"，再领唱以及合唱。大家随着呀哟歌的节拍轻轻跺脚，边唱边围着甲板转。不管领唱什么，合唱时总是保持"呀哟一个呀哟"的唱词，"呀哟歌"即由此得名。

第三节　民间传说

河北运河区域历史悠久，名人辈出。以运河为题材或背景，各类故事经民间艺人精彩演绎，口口相传，形成了富有传奇色彩的民间传说。河北运河民间传说内容丰富，承载了人们对美好生活的向往，对美好事物的赞美。

一、清河县武松文化

武松为中国家喻户晓的侠义英雄，是《水浒传》中著名的梁山好汉。民间广为流传其景阳冈打虎等诸多英雄事迹。按《水浒传》所载，武松故乡即在河北清河县。早在宋代话本《宣和遗事》中，即有武松的名字出现。之后关于武松的故事在清河民间长期流传，影响较大者如南宋周密史料笔记《癸辛杂识》中辑录的龚开的画作《宋江三十六人赞》，其中有《行者武松赞》；元人红字李二作《折担儿武松打虎》《窄袖儿武松》；元人高文秀作杂剧《双献头武松大报仇》等。至《水浒传》对民间传说进行加工整理，武松的英雄形象得以最终成形。《金瓶梅》基于《水浒传》中武松、武大郎、潘金莲、西门庆等人的人物关系，以清河县为空间背景，细化演绎潘金莲与西门庆的故事，反映了明代清河一带市民社会的风貌。

武松及其英雄事迹成为清河民俗文化的重要组成部分，其侠义精神成为清河人的骄傲，形成了特有的"武松文化"。清河长期流传着诸多有关武松的故事，如"武松出世""武松井""武松大闹东岳庙""武松上太行山"等。清河有民间传说，称武大郎身材高大，相貌堂堂，文成武就，进士及第，曾任山东阳谷知县；其妻潘金莲则是大家闺秀，知书达理。清河县武松传说以民间故事、戏曲、快书等形式，由民众与民间艺人口口相传，逐渐形成各种剧目与文学作品。20 世纪初期，较为成熟的作品有山东快书《武老二》、戏曲《折担儿武松打虎》《窄袖儿武松》，后来有《武松打擂》《挑担武松》《武松打虎》和当代剧目《武大郎正传》等。20 世纪 80 年代，随着中国文化研究热潮的兴起，不少学者到清河追踪访迹，调查考证，搜集整理关于武松的民间传说。

改革开放以后，武松文化也开始被引入商业运作。大批民营企业借助武松文化，打造商业品牌，以"武松"命名的酒厂、街道、宾馆及酒楼饭店相继设立。20 世纪 90 年代以后，清河县在县城街心修建了"武松打虎"雕像；于武植墓原址重修武植墓，并新建祠堂及花园式院落；在县城西林区建成"快活林"，集人文景观与餐饮游乐于一体；于县城繁华地带修建了演绎武松故事、展示英雄风貌的"武松公园"。2004 年，在河北省燕赵历史名人评选活动中，武松与廉颇、荆轲、张飞、赵云等人并列"燕赵八英"。2007 年，"清河县武松、武大郎的传说"被列入河北省第二批非物质文化遗产名录。

二、鬼谷子传说

鬼谷子，相传是战国时期著名军事教育家，被誉为纵横家的鼻祖。鬼谷子创办中国第一所军事学校，培养出张仪、苏秦、孙膑、庞涓等一批叱咤风云的军事家、纵横家。关于其身世，有一种说法是战国时期魏国郏地人，出生于今邯郸市临漳县香菜营乡谷子村。当地存有鬼谷子诞生地遗址，占地面积 76 亩，建筑面积 26 亩。最富有传奇色彩者，为当地仍然存有一块鬼谷子诞生时的"血板地"，成为鬼谷子传奇诞生故事的生动载体。2010 年，临漳被中国先秦史学会鬼谷子研究分会认定为"中国鬼谷子文化之乡"。

据当地人传说，鬼谷子为村夫庆隆与东海龙女之子。庆隆与龙女虽被东海龙王压死于云梦山，化作山岭与龙泉，但怒火不灭，借体繁衍。龙女托生至南王庄王员外家，十八岁时受到硕大谷穗浓郁香气的诱惑，将其吞入腹中，由此怀孕。后经王母点化，方知谷穗其实为庆隆精髓。她到临漳谷子村产下一子，随母姓，取名王蝉，又因"食谷而生"，另取名鬼谷子。谷子村有一座清代的鬼谷子祠堂，保存着一块完整的光绪年间碑刻，碑文叙写了鬼谷子的生平事迹和成就。邻村盐食存有一块明朝的圣母碑。

近年来，临漳县将鬼谷子文化与邺城文化、建安文化相结合，启动了鬼谷子文化景区建设，先后建设了祠堂、鬼谷子文化展馆、先秦文化展馆等。2014 年 7 月 24 日，临漳的"鬼谷子传说"成功入选第四批国家级非物质文化遗产名录。

三、盘古传说

盘古为中国古代传说中开天辟地的神。关于盘古文化源地有多种说法。一说在河南省桐柏县，另在河南沁阳有盘古山，湖南省怀化沅陵县境内亦有盘古洞等。运河沿岸沧州青县传说为盘古居住地，其定居的村庄名盘古村。盘古村又有大盘古村与小盘古村。

盘古为什么选择住在青县呢？据青县民间传说，盘古开天辟地后开始漫游天下。漫游到青县境内，见这里草肥水美，木秀花香，于是择此定居。盘古氏带领其家族垫台筑巢，造房建屋。一日在挖坑取土时，正巧挖至海眼，立时泉水喷涌，遂成为后人所称的"盘古潭"。在历史上，盘古潭边曾有苍松翠柏，高达数丈，游人咏其"潭波击碎月，松柏卷青天"。潭内常年蓄满泉水，深不见底，且鱼虾繁多，有"百网百鱼"之说。盘古庙的正前方有条河，叫黑龙港河，纵贯青县。传说，这条河是盘古治理水患时形成的。河流发水是因黑龙作怪。盘古发现以后，便把黑龙按到井里。大禹开九河导冀州之水时，于今盘古村发现了"盘古墓"。为纪念盘古，大禹重修"盘古墓"，建盖了"盘古殿堂"，即盘古庙，并留下 100 人守墓，100 人守庙。守墓的为小盘古，守庙的为大盘古。此为大盘古村和小盘古村的来历。公元 206 年，曹操北攻乌桓，开凿平虏渠。该河起源于青县，流经盘古庙前，即后来的盘古沟、盘古港。

传说，盘古九月初九出生，三月初三归天，于是盘古庙一年有两次庙会。盘古庙会延续良久，逐渐形成以祭祀为主题，集文化与经济交流于一体的群众性集会。每年春节一过，各地商贾云集而来，搭棚、占地、备货、洽谈，筹备三月三庙会。庙会一散，人们就抬着木雕盘古像出来行雨。待透雨落下，农民抢种早熟庄稼。秋天，不待庄稼收割完，各地商贾又蜂拥而来，筹备九月九庙会。

四、"镇海吼"传说

沧州铁狮子至今屹立于渤海之滨，又名"镇海吼"，意为震慑海妖，使生灵免遭水患。关于铁狮子的铸造有一段神话传说。传说一年秋天，海面上突然刮起一股黑风，卷着水浪，虎叫狼嚎一般咆哮着直扑沧州城。沧州城房倒屋塌，满畦的庄稼被洪水吞没。老百姓仓皇逃离，来不及逃离的纷纷被洪水卷走。人们哭声、喊声连成一片。原来这是恶龙在兴妖作怪。它看着沧州这地方好，就一心想独吞此地，以此为龙宫。就在恶龙兴妖作怪、残害黎民百姓的时候，人们猛地听到一声山崩地裂似的怒吼。只见一头红如赤焰的雄狮一跃而起，像鹰抓兔子一样冲向大海，直取恶龙。海面上顿时水柱冲天，狂风大作，龙腾狮跃。雄狮和恶龙一直厮杀到黎明，恶龙招架不住，掉头就跑。雄狮紧追不放，逼着恶龙收回了淹没沧州的海水。

人们为了感谢为民除害的雄狮，就请一位名叫李云的打铁名匠，带领着九九八十一个手艺高超的徒弟，用了九九八十一吨钢铁，铸造了九九八十一天，终于在当年雄狮跃起的地方，铸成了这尊活灵活现、雄伟壮观的铁狮子。那条恶龙虽然没死，但一听到铁狮子的吼声就浑身发软，爪子发麻。

五、富庄古驿乾隆皇帝传说

富庄驿位于泊头西部，顾名思义，为古代重要驿站。据明嘉靖二年（1523年）碑文记载，富庄于宋代建隆元年（960 年）立村，至今有上千年历史。宋时，京开大道（又名"京大路"）穿村而过。明洪武二十九年（1396 年），交河知县张士廉修建驿站，改名富庄驿。富庄驿为北京去往天津必经之驿。由此往东通运河新桥驿（泊头镇），往东南通德州至济南府，西南通衡水至大名府再到开封，往西是武强、深州，更有老盐河从西南经村东流往东北。因交通地位重要，其规模大于普通驿站。富庄驿原本大部分人姓富，"靖难之役"后人口锐减，江姓自浙江乐清县迁此。

富庄驿建村历史悠久，留下许多历史传说。该村丁字街西头的一棵古槐，据说是唐代所种，现已大部分枯死，只有少数几枝年年抽芽，生叶开花。古槐身上依附着好几个名人故事：刘秀立国时栽种，窦建德在此纳凉，常遇春在此拴马，乾隆在此吟诗等。流传最广最完整的是关于乾隆的传说。

红杏园本是汉代刘德召集众儒整理古籍，筑建日华宫的地方，早已倾塌，后来有人居住，称严家铺。乾隆南巡路过此地，问是何地，村民答"严家铺"，正好和"晏驾扑"谐音。乾隆心有不悦，突然见村头一片杏树，开着红花，光华艳丽如火焰一般，便随口说道："好一个红杏园！"随从知其意，下令此村改名为红杏园，还在此盖了行宫。至今尚有砖头瓦砾等遗物堆积。

又传乾隆来到村中，正值中午，一片蛙鸣。乾隆睡不好觉，让人去查是何处声响。去者回禀后，乾隆说："传朕的话，让它们别出声，不要打扰朕休息。"结果留下一句"富庄驿的蛤蟆——干鼓肚"的话。富庄驿村南三华里处有楼子铺村，据说原来不叫此名，乾隆南巡，经过此村，问其名，答叫李屯。村中有一楼阁，很是气派。乾隆登楼赏景，见庄稼丰茂，河水清莹，自言自语说："这个楼子真是登高望远的好地方。"村人遂改村名为楼子铺。

六、张娘娘的传说

张娘娘传说的原型为明孝宗张皇后。张皇后为明朝河间府兴济人，谥号孝康敬皇后，是中国古代著名的贤后。她与孝宗朱祐樘感情深厚。如今兴济镇（今属沧县）还有娘娘坟、娘娘河、娘娘宫、娘娘庙、龙窝庙等遗迹。2010年5月，"张娘娘的传说"入选青县非物质文化遗产名录。

传说张娘娘生下来没头发，请遍名医而无果。她本人喜欢抱只鸡东家串、西家溜，没有一时闲。因长了一头秃疮，人送外号"秃丫头"。令人惊奇的是，她有未卜先知的能力。走到街上，秃丫头碰见厚道生意人，张口一句"今儿个好买卖"，果然这一天能赚几个钱；碰到奸啬的，秃丫头一句"今儿个甭想开张"，果然一天也没主顾。春天，秃丫头对父亲说出今年庄稼收成如何，等到秋后，预言竟一一应验。

其父张峦闲时常到附近寺庙找和尚下棋聊天，每到饭时，秃丫头母亲便让她喊父亲回家吃饭。一天，和尚做了一个梦，梦见庙里供奉的神仙说："别让秃丫头到庙里来了。每次来我们都得对她打躬行礼。我们这泥塑的金身经不住折腾。"和尚醒来查看，发现神像果然有开裂处。和尚把所梦之事说于张峦，张峦也感到奇怪，暗自思忖：莫非小女真的别有一番造化？一日，张峦叫来两个儿子，让他们拉着一张网，在夜静之时到自家坟地转上几圈，其间不要回头，看看能网住什么东西。哥俩儿就照办了，转到第三圈时忽听身后网里一扑棱，一看是条大鱼。张峦说："这条鱼只你兄妹三人吃，我和你娘无福享用。"待到次日做好鱼，秃丫头把鱼吃得只剩下鱼头、鱼尾和一根大刺。张峦如梦方醒，一拍大腿，指着两个儿子说："吃鱼头有人求，吃鱼梁做娘娘。还是你妹子有福啊，等着沾你妹妹的光吧……"

明成化年间，宪宗为太子选妃，钦天监夜观天象后禀报皇上："太子妃当出在京城以南。车上树，牛上房，骑龙抱凤是娘娘。"皇上闻报，旋即拟旨，派员沿大运河乘船南下，选召娘娘。选妃的钦差到达兴济境内，来看热闹的百姓们把道路围得水泄不通。村妇收起纺车，又怕被踩坏，便设法把它挂在了树上；鼓乐声惊得牛乱跑，一惊竟然跑上了屋顶。秃丫头怎么也挤不近前，怀里抱着鸡，又舍不得撒手，于是就爬上墙头，伸着脖子往下瞧。选妃的官员看到如此景象，联想到钦天监所言征兆，于是纷纷跪下，请贵人上轿。但是一看这丫头，又秃又脏，有失体统，于是几个年老的太监领了秃丫头去河边洗脸。待秃丫头来到河边，捧水一洗，秃疮嘎巴全掉了下来，露出了满头的乌发。再看脸，那真是娇若芙蓉，灿如桃花，再没有一点疯癫样。人们都说那是神仙戴上的面罩，为的是不让她露出真容。后来世人就把娘娘还金身的地方称为"龙窝"。

随后船队出发驶向北京，途经兴济北某地时，因张娘娘扎耳朵眼，该村改叫扎耳庄，后演变成张二庄。张娘娘入宫以后，历经弘治、正德、嘉靖三朝。兴济的娘娘宫即张娘娘捐修的一座道观，名曰"崇真宫"。现在京剧舞台上有一出戏叫《法门寺》，内容为皇太后到法门寺降香，平反了一桩冤案。剧中的太后就是张娘娘。早年兴济人常演这出戏，作为对张娘娘的纪念。

七、莲花池的传说

莲花池坐落在青县城南 10 里，大盘古村北，王呈庄村东，摆渡口村西，占地约 50 亩。关于莲花池的由来，当地有一个动人且悲壮的传说。

明嘉靖年间，青县是五河汇流之地：古滹沱河、西支港河、中支港河、东支港河都在县城以南汇入卫河（现在的南运河）。当时的青县知县潘榛（历史上确有其人，山东邹县人，大约生活于万历至崇祯年间）刚从老家洪泽湖畔前来上任不久，滹沱河就开了口子，严重威胁到全县百姓的生命财产。潘榛又着急又发愁。这时，他的女儿潘莲花说："咱生长在洪泽湖畔，渔民出身。我自小跟爷爷学了一身好水性，正愁无处用武呢。听爷爷说，用铁锅堵口子最好。锅口朝里，锅脐朝外，水越冲越结实。您下令让百姓们往口子边运锅，我下水去堵吧。"潘榛担心危险，不允许她下水。但莲花坚持要去，对父亲说："您是全县的父母官，能眼看着庄稼被淹没，百姓财产被冲走，房子被泡倒，人被淹死吗？"

潘知县听后深受感动，一咬牙，说："好，就这样办！我们死了也万古流芳。"潘知县一声令下，千家万户都往决口处运锅。莲花跳进水里堵决口，激发了群众的治水热情，成百上千的青壮年也都跟着跳进水里。莲花边指挥边奋战，最后终于把口子堵上了。不幸的是，莲花因筋疲力尽，被淹没在水中。全县的百姓请愿给莲花修碑立庙，潘知县却说："你们被水淹得够苦了，不能再让你们破费了。那样，我心里更不踏实！"

后来百姓为了纪念舍身跳水堵口子的潘莲花，在口子门处被冲出来的大浪窝里种满了莲花。人们把这个地方叫作"莲花池"。

第四节　民俗文化

一、民间艺术

（一）香河安头屯中幡

古代用帆增加航速和调整航向。隋唐时期，北运河航运中使用的船帆常被用于娱乐玩耍，并逐渐发展出各种花样和手法。经过多年的改进与创新，耍帆（幡）演变为有组织的民间表演艺术形式，其表演团队称"中幡会"。安头屯中幡至清朝达到鼎盛，曾两次受到皇封。第一次是乾隆时期御封两面幡面，一面题字为"龙祥凤舞"，一面题字为"人神共说（悦）"。第二次是咸丰时期，受封御笔幡面两个，一书"风调雨顺"，一书"国泰民安"。直至目前，咸丰元年（1851 年）御封的"国泰民安"幡仍完好保存。

安头屯中幡重约 25 公斤，筒长 1 丈 8 尺，控制幡速，减轻下垂惯力；幡面衬风，使幡的重心稳固平衡；仗杆衬幡面，飘带装饰幡容。安头屯中幡表演难度大，对体力与表演技术均有很高要求。其成熟的表演动作有 100 多个，前把幡的变换有起幡托塔、摘肩托塔、晃肋托塔、托塔盘肘等 30 多个动作；后把幡的变换有插剑脑件、插花脑件等几十个动作；大挎鼓表演内容有大鼓 30 调，每调有鼓谱，分连打和摘打。花钹可与镲镲、大鼓齐奏，也可单打，或与镲镲穿插对打。花钹可分单人打与双人打，还有四人合打、六人合打、八人合打等。安头屯中幡因功夫过硬、技艺超群、动作娴熟、演技精湛、观赏性强而成为民间花会一绝。当前，安头屯中幡大会有安一、安二、安三、安四四个村共同组织，会员 60 多人。安头屯中幡经常参加各种花会表演大赛，深受观众的欢迎，并不断受邀参加国内各种大型活动的庆贺。2009 年，安头屯中幡被选为国家级非物质文化遗产。

（二）沧州落子

沧州落子是河北省中部一带具有浓郁地方特色的传统民间舞蹈，最早发源于河北省南皮县，故沧州落子又称"南皮落子"，民间俗称"落子"，属于变形秧歌，至今已经有近 200 年的历史。如今，落子主要流传于沧州的南运河两岸，在泊头、孟村、盐山等地最为盛行，与昌黎地秧歌、井陉拉花并称"河北三大民间舞"。

沧州落子最初源于小曲，后与南皮民间的小戏、吹歌、武术及其他花会活动共同发展并彼此影响，吸收春节期间走会中的秧歌和戏曲表演元素后，逐渐形成歌、舞、戏并重的固定表演模式。其音乐主体是民间小调，内容多反映农村妇女的爱情和劳动生活，为群众所喜闻乐见，如《茉莉花》《放风筝》《叹情郎》《绣手绢》《尼姑思凡》等。沧州落子有文武之分，以唱为主的为"文落子"，将武术与戏曲里的筋斗穿插在舞中的则为"武落子"。文落子表演时鞭、板、扇并用。武落子表演时只用鞭和板。沧州落子与当地民俗文化联系紧密，互为渗透。例如，武落子中男性"捋鞭"的舞蹈动作，吸取了很多武术与杂技的动作样式和韵味，颇具沧州地域文化特征。当地艺人多于冬季农闲时排练，农历正月十五前后演出，以表现人们辞旧迎新、庆祝丰收的喜悦心情。沧州落子分为杨派与帽派。杨派落子最早只有四鞭表演，后改为四鞭、四板表演形式，再后来又增加了扇子的表演，分为五鞭、三板、二扇。在代代相传的过程中，杨派落子不断改进，表演形式日渐完备。帽派落子起初只有武场伴奏，后加进了文场伴奏。帽派落子不用扇子表演，只用二鞭、八板表演。

20 世纪 50 年代中期，沧州落子开始进入专业舞蹈课堂，被正式搬上舞台，并远赴多个国家演出。取材于沧州落子的扇舞《放风筝》经改编，曾赴美国、意大利、希腊、新加坡、马来西亚、朝鲜演出，并多次在国际大赛中获奖，是河北省歌舞剧院的保留节目。2008 年 6 月，沧州落子被列入第二批国家级非物质文化遗产名录。

(三)馆陶木偶戏

木偶戏又称傀儡戏，是一种古老的艺术表演形式，据传汉朝时就已出现。木偶戏在 20 世纪中期曾活跃于冀南鲁西北一带，形式独特，唱腔脍炙人口。馆陶木偶戏内容偏重戏剧性表演，现存的木偶戏形式有三种，即布袋木偶、杖头木偶和提线木偶。馆陶木偶戏传承最完善者为滩上村的木偶戏。

滩上村木偶戏系杖头木偶，木偶头部用梧桐树根雕成。表演者用三根木杆操作木偶，主杆置于偶人后背中部，掌握木偶的前后仰俯；侧杆两根，分置于两臂，掌握两臂及手的动态。木偶表演动作丰富，尤其是手的动作，可细腻地表演出人物的各种情态。滩上村木偶戏由木偶、操纵演员、配音演员和乐队四部分组成，多用戏曲曲调演出，有的用对话或歌舞表演。目前保存较好的有青衣、花旦、老旦、小生、老生头像共七副；伴奏乐器有鼓、锣、镲、铙、笙、笛、四股弦等。这种用木偶进行"虚拟"表演的戏早于真人舞台剧，具有表演性先于、优于文学性的特点，是"民间戏剧""平民戏剧"的重要组成部分。

滩上村木偶戏群众基础广泛，影响深远，是研究华北方言在民间戏曲中运用的活例证，具有丰富、独特的民族造型艺术和服饰文化价值，为我们了解民间戏曲近代的发展起到了"活化石"的作用。

(四)冀南四股弦

冀南四股弦源于 19 世纪初，又名"南柳子腔""四根弦"，是河北地方戏稀有剧种之一，2008 年入选国家级非物质文化遗产名录。四股弦最早源于民间的花鼓戏，由临清传入馆陶，在民间俚曲的基础上，取长补短，并吸收乱弹、京剧、河北梆子等剧种的营养，逐渐演变成成熟的表演形式。因伴奏以四股弦琴胡为主，故称"四股弦"。四股弦主要流行于冀南，具体包括魏县四股弦、馆陶四股弦和肥乡四股弦等。戏曲内容最初多反映民间家庭生活，情节简单，后开始演出历史传统戏和连台本大戏。四股弦唱腔悠长流畅、通俗委婉，语言含蓄幽默，具有较高艺术价值。冀南地区至今还流传着"不锄地，不浇园，也要去看四股弦"的民谣。角色行当分为四生、四旦、四花脸，后演变为现行的生、旦、净、末、丑五大门类。

四股弦在民国时期有较大发展，七七事变后陷入低潮，1949 年后有所复兴。现在，馆陶县有较为完整的四股弦传承。

(五)西街撵花

西街撵花起源于清朝乾隆年间，至今已有 200 多年历史。清朝时，每逢春节、庙会，临漳城到处都很热闹，唯独西街静寂，居民们都感到脸上无光。为了给西街争口气，以卖水饺为生的开封人刘子东，把自己知道的撵花中的小故事教于王孟华（第一代）。从此，撵花成为西街独有的民间艺术，现已成为河北省非物质文化遗产。

撵花舞队一般为一男一女组合表演，扮成近似戏曲中的人物，并以戏曲剧目里的角色命名。例如，《千里送京娘》即赵匡胤和京娘，《打渔杀家》即萧恩和萧桂英，还有《西游记》中的"三打白骨精"等。人物按剧目所需，手执必要的道具，但无严格要求。舞队中除众多戏曲人物外，还有老道、包奎、傻小子、琉璃鬼（花头）、丑婆等。

撵花的活动时间主要在农历正月。正月初一拜完年后，即集中排练。在领头的指导下，舞者要练习走"圆场步"，要求走得快、稳、漂，行如流水。

琉璃鬼要选择腰、腿灵活的少年进行训练。撵花表演分"串街"和"打场"两种形式。串街舞队成两路纵队,领头手持令旗在舞队之前。琉璃鬼随后,面向舞队走"半蹲平步",手执铁链倒退行进。老道、包奎在舞队最后面(花尾),其中老道手执拂尘走"跛子步"。其余舞者大都按戏曲人物排列,男女相间,均走"小碎步",跑"编篱笆"队形。此时,乐队用管乐演奏,小镲随管乐队敲击。舞队走各种队形,如"珍珠倒卷帘""卷白菜心""二马分鬃""长蛇脱裤""八字"等。琉璃鬼可随意在场中央舞蹈并与舞队中的丑角做些风趣滑稽的即兴动作。打场表演时,其他角色绕场走"圆场步",琉璃鬼和丑婆的表演则把整个活动带向高潮,其特色动作主要有钻凳子、钻桌子、头顶油碗灯、跪行、卧、翻、滚等,在桌子上则做"凤凰展翅""探海""金鸡独立"等。待丑婆、琉璃鬼配合表演"大推磨",乐队伴奏速度加快,领头高举令旗,打场结束。撵花吹奏的乐曲多为抬花轿及其他民间乐曲。许多角色为即兴表演,乐曲的长短、速度、强弱出自演奏者的紧密配合。

二、民间传统工艺

(一)馆陶黑陶

馆陶黑陶为龙山文化重要组成部分,是一种古老的制陶技艺。黑陶即黑色的陶器,距今已有4000多年历史。相传,古时候馆陶县有座大山,名为陶山,陶山一带盛产黑陶。馆陶的名字就源于陶山黑陶,古人所谓"陶山者,山如陶,陶如山也"即为明证。馆陶黑陶有深厚的历史底蕴和丰富的文化内涵,形成了独特的"黑陶文化",已入选河北省首批非物质文化遗产。

馆陶处在黄河中下游,位于黄河冲积平原。此地富有大量优质黏土,为陶器制作提供了丰富的原材料。故此,馆陶制陶业在古代社会经久不衰。其境内出土的古墓中有大量西汉、唐代、宋代、元代及明清时期的黑陶、灰陶和红陶。馆陶黑陶选用得天独厚的黄河古道河床下纯净细腻的红胶土为原料,工艺复杂,技艺高超,以供应皇室为主。据有关专家考证,北京紫禁城所用之砖即产于此地。在卫河岸边的毛圈、刘圈一带,挖掘发现皇城砖窑72座,多为明代砖窑遗址,证实了馆陶制陶业的历史。

馆陶黑陶制作工艺复杂,包括淘洗、拉坯、晾晒、修整、压光、绘画、雕刻等几十道工艺，最后采用独特的"封窑熏烟渗碳"法烧制而成。制作工艺复杂精细，每道工序都有严格的要求，且需要特殊的技术，烧制难度大，成品率较低。黑陶种类繁多，有镂空类、挑点类、刻线类、浮雕类、雕塑类等。造型设计有仿古的瓶、罐、鼎、尊、鬲、簋、熏炉等几十个系列。黑陶成品黑如漆，亮如镜，清似水，不褪色，耐腐蚀，渗透着浓郁的东方文化气息。

（二）大名小磨香油

小磨香油为大名特色产业，享誉全国。关于大名府小磨香油的起源有两种说法。一说始创于清光绪年间，最早由南关回族人杨殿魁经营。杨殿魁从东昌府请来一位磨油师傅，合伙在大名城内西街（与羊市街口相对）开了一家小磨香油坊。此人善经营生意，除每天走街串户零售香油外，还往饭铺、包子铺赊销送油，给各铺立下账册子，定期算账。这种营销方式使得小磨香油在大名逐步普及开来。尤其是回族人，大多用香油调味。香油坊售油量由少到多，每天可售出六斗芝麻的香油（一斗芝麻二十四斤）。磨油师傅干满三年辞业回家，杨殿魁带着礼物盘费一路送行。磨油师傅深受感动，途中将磨油秘诀告之。杨殿魁由此掌握香油制作技术，独立经营小磨香油坊。杨氏香油在当地香油业一枝独秀，直到1925年左右，才有其他磨油户出现，但售油量远不及杨殿魁家。

另一说是源于大名西北儒家寨。儒家寨东街村民张俭家族世代以香油为业，其先祖明朝永乐年间从山西迁至此地，带来香油石磨，在儒家寨开办张家香油坊。张家当时制作的小磨香油香飘五里，人称"五里香"。明嘉靖年间经吏部侍郎推荐，张家"五里香"小磨香油成为贡品，深得皇帝赞赏。嘉靖赏赐张家一块匾、一盘磨。儒家寨张家小磨香油的出名，带动了当地小磨香油加工业的发展。传说明朝时期在现泰山行宫庙前的堡子城南门外（儒家寨历史上曾称"堡子城"），曾建有八家小磨香油坊，分别为张家、李家、甄家、陈家、田家、刘家、申家、赵家，此盛况一直延续到清代。

大名香油品味纯正，享誉全国，现采用现代化技术，发展成为香河之特色产业。全县拥有40余个小磨香油专业村，7500多具香油专业户，年产值达数亿元。现在，大名府人开的小磨香油坊遍布全国，香飘四地，可谓"大名小磨香油，油香磨小名大"。

（三）大名草编

大名草编是大名县卫河以东地区的传统家庭手工艺，妇孺皆能。人们多以麦秆制作草帽、提篮等物品。县内的西付集乡是民间草编技艺的主要发源地。清朝雍正年间，草编传统手工技艺从山东莱州传入大名县西付集乡朱家村，后传至大名县卫河以东地区，成为当地普及经营的家庭手工业。传入大名以后，经民间艺人的研究，又增加了提袋、茶垫、坐垫、地席、门帘、果盒、纸篓、拖鞋以及用麦草制作的贴画、贴盒等。麦草贴画借鉴油画、工笔画等绘画艺术的技法，多表现花鸟虫鱼、虎啸深山、鹿鸣翠谷、悬流飞瀑等题材。

20 世纪 80 年代以前，草编手工制品大部分供自家使用，只有部分草帽在市场上销售。后来，大名县建草编厂，开始从事草编手工艺品深加工，开发草编产品近千种，销至欧亚地区。草编手工艺品除去实用价值以外，对美化家庭、丰富生活有着积极的作用。2008 年，大名草编入选第二批国家级非物质文化遗产名录。

三、饮食文化

（一）香河肉饼

香河肉饼，亦称"京东肉饼"，至今已有数百年历史。香河肉饼颜色焦黄，外酥里嫩，油而不腻，香醇可口。香河肉饼的前身可以追溯到一千多年前的突厥饼。据说，当时游走于北方大漠的突厥人因为牛羊肉充足但面食稀缺，请客时就做薄皮的肉饼。这种做法后来传至回鹘等地。明朝永乐年间，大批回族人迁移至京东地区，肉饼手艺亦被带到香河。据说，香河肉饼名扬天下与乾隆皇帝有关。有哈姓回族人，开了"哈家店"，长期做肉饼，至清朝已为百年老店，所做肉饼风味独特。乾隆皇帝和刘墉来到香河，光临哈家店，品尝过香河肉饼后赋诗一首："香河有奇饼，老妪技艺新。此店一餐毕，忘却天下珍。"香河肉饼自此名满全国。

香河肉饼做工考究，对调料要求极为严格。为了把肉饼技艺流传下去，香河成立了几家"香河肉饼培训学校"，并已注册商标。

(二)河间驴肉火烧

河间地处华北平原，明代以后，成为通往南方各地的"御路"，又因毗邻运河，逐渐发展为京南第一府。南北风味的各种饮食均在此汇集。清末，宫内太监多出于河间一带。后来，宫中烹饪高手回到家乡，也将宫廷烹饪技艺传至民间，故当时流传"要吃饭，河间转"的说法。河间名吃荟萃，最著名者当为驴肉火烧。

"天上龙肉，地下驴肉。"河间有关驴肉的传说最早可追溯至唐代。唐玄宗登基前来到河间，一书生"杀驴煮秋"招待他，受到称赞。清代乾隆下江南，从河间路过，在民间吃饭。主人用剩饼夹上驴肉放在大锅里煲热，乾隆吃后连连称赞。驴肉火烧从面料配制、面饼成型及火候，到驴肉的熬制，甚至驴肉的切工等都有很深很细的研究，成为河间的不外秘传。

计划经济时期，这一饮食文化曾因保护耕畜，禁止宰杀驴而中断发展。改革开放以后，河间驴肉火烧作为特色名吃，迅速发展起来。河间人凭借祖传技艺，到各地开设驴肉火烧店，使驴肉火烧成为北方地区人所共知的特色小吃。

(三)大名特色美食

大名特殊的历史地位成就了多彩的"美食文化"。当地比较有名的小吃是"二五八"，即二毛烧鸡、五百居香肠、郭八火烧。

二毛烧鸡由王德兴创始于清朝嘉庆十四年(1809年)的直隶大名府(今大名县老城内大十字街南边路西，就是两百多年的老店原址，2014年尚在经营)。王德兴，人送诨号"二毛"。二毛烧鸡的发明很富戏剧性。一次王德兴去朋友家做客，临走时把佐料和鸡炖到锅里，次日清晨归来，香味扑鼻。刚出锅的烧鸡轻轻一抖，鸡肉就自然脱落，吃起来肉烂味鲜，回味悠长。据传，清道光年间一位新任知府，路过店铺，闻香而落轿，后吟诗曰："夸官逍遥道，闻香品佳肴。适逢设盛宴，吾必备'二毛'。"从此，二毛烧鸡更是誉满全城，逢当集社庙会，婚丧嫁娶，总是被一"抢"而空。清朝时，文武科选时的应试才子、府道官长，以及富商大贾，都喜欢吃二毛烧鸡。经口口相传，二毛烧鸡名气越来越大，名声越传越远。

　　王德兴的儿子王国珍嫌"二毛"名号不雅，便以自己名字中的"珍"字为首，并取"珍品、积研、成名"之意，于清光绪五年(1879年)二毛烧鸡铺开张70周年时，将铺名改为"珍积成"，沿袭至今。中华人民共和国成立后，王国珍之子王有禄继承祖业，于1952年在赵国古都邯郸，发展了"珍积成"烧鸡。

　　五百居香肠创业于清道光元年(1821年)。创始人为山东济南府人王湘云。王湘云自幼学习肉食农工技艺。后随道台到大名官府当厨师，见大名物产丰富，交通便利，商业、饮食业发达，遂在城内道前街关帝庙西边开设店铺，制作香肠及熟肉制品。因大名距济南府约五百里路，故取店名"五百居"。他制作的香肠味道鲜美，成为当时官府佐餐和宴会不可缺少的食品，行销省内。"五百居"由此成了名贵香肠的美称。五百居香肠与山东莱芜香肠、济南吞肠同出一宗，旧称"南肠"(因其主要香料产自南洋一带)。不过，五百居香肠在南肠的基础上做了加工改造，口感更加醇厚浓郁。五百居香肠在1915年作为中国传统特色食品香肠的唯一代表，参展巴拿马万国博览会，并荣获金质奖牌。中华人民共和国成立后，五百居香肠并入国营，为邯郸"八大地方风味美食"之一。2012年，五百居香肠被评为"河北省知名土特产"。

　　郭八火烧已有100多年历史。它的制作配料比例严格，做工精细认真。火烧皮酥层多，味道鲜美，在当地饮食界经久不衰。创业人郭致忠，大名县西大韩道村人，曾在顺天府学艺。清光绪二十一年(1895年)，郭致忠回到大名创业。因他从顺天府学艺而来，堂号首取"天"字，又因希望买卖兴隆，次取"兴"字，立店铺字号为"天兴火烧铺"。郭致忠小名叫"郭八"，当地人便把他经营的火烧铺叫作"郭八火烧铺"。郭致忠虚心好学，经常外出学艺，博采众家之长，不断提高火烧质量。好多食客都在品尝了郭八火烧后，称之为"府城小吃一绝"。1947年，郭致忠的三个儿子郭瑞、郭廉、郭俊继承父业，继续经营火烧铺。郭瑞字兆祥，郭廉字华品，郭俊字美斋，兄弟三人各取自己名字中的一个字，将店铺名改为"祥华斋火烧铺"。虽经改名，但由于长期的习惯叫法，"郭八火烧"之名仍广泛流传。1966年，周恩来总理视察大名时，品尝了郭八火烧，赞扬了郭瑞的技艺。

第五节　历史名人

　　河北运河区域自古为北方经济政治中心，人才荟萃。自战国时起，即有神医扁鹊游历各国，救民无数。其后在两千多年的历史中，此地不乏名臣良将，贤达才俊，在政治、经济、军事、科学、文学、艺术等领域为中华文明的发展做出重要贡献。

一、著名学者

（一）名医扁鹊

扁鹊姓秦，名越人，渤海郡鄚（今河北沧州任丘）人，战国时期医学名家。他医术高超，人称"神医"。扁鹊早年曾替贵族管理客馆，结识了当时的名医长桑君，拜其为师。长桑君传授他各类医学秘方。扁鹊刻苦钻研，在汲取前代、民间经验的基础上，逐步掌握了多种治疗方法，能治各科疑难杂症。学成后扁鹊巡诊列国，在赵为妇科，在周为五官科，在秦为儿科，名闻天下。扁鹊奠定了中医学的切脉诊断方法，开启了中医学的先河。相传，中医典籍《难经》为扁鹊所著。

（二）唐代诗人高适

高适（约 700—765），字达夫，唐渤海郡（今河北景县）人，后迁居宋州宋城（今河南商丘睢阳）。唐代著名的边塞诗人，曾任刑部侍郎、散骑常侍、渤海县侯，世称"高常侍"，有《高常侍集》等传世。其诗笔力雄健，气势奔放，洋溢着盛唐时期奋发进取、蓬勃向上的时代精神。开封禹王台五贤祠即专为高适、李白、杜甫、何景明、李梦阳而立。后人又把高适、岑参、王昌龄、王之涣合称为"边塞四诗人"。代表作有《燕歌行》《蓟门行五首》《塞上》《塞下曲》《蓟中作》《九曲词三首》等，歌颂了战士奋勇报国、建功立业的豪情，也写出了从军生活的艰苦及向往和平的美好愿望，同时揭露了边将的骄奢淫逸、不恤士卒和朝廷的赏罚不明、安边无策，流露出忧国爱民之情。

除边塞诗以外，高适另有大量反映民生疾苦、讥讽时弊、抒发情感的作品。其反映民生疾苦的诗作，如《自淇涉黄河途中作十三首》之九、《东平路中遇大水》等，真实描写了广大农民遭受赋税、徭役和自然灾害的重压，对他们的困苦境遇表示同情。他还写过一些赞美"良吏"的诗，从"仁政"思想出发，提倡轻徭薄赋。他的讽时伤乱诗大抵指斥弊政，对统治者的骄奢淫逸有所批判，如《古歌行》《行路难二首》等。还有一些诗作于安史之乱后，对政局流露出忧虑和愤慨，如《酬裴员外以诗代书》《登百丈峰二首》等。高适咏怀诗数量最多，思想内容复杂。像《别韦参军》《效古赠崔二》《封丘作》等，抒写了怀才不遇、壮志难酬的忧愤，表达出对现实的不满。

（三）元代科学家郭守敬

郭守敬（1231—1316），字若思，顺德府邢台县（今河北邢台市）人，元朝著名天文学家、数学家、水利工程专家。郭守敬由祖父郭荣培养长大，自幼聪明好学，后被送至著名学者刘秉忠门下。《元史》记载，郭守敬"生有异操，不为嬉戏事"。元朝建立以后，注重修订历法、整治水利，为郭守敬科学才能的发挥提供了施展空间。他官至太史令、昭文馆大学士、知太史院事，世称"郭太史"。郭守敬凭借天赋与勤奋，在水利、天文、数学与仪器制造等方面有很高成就。

水利方面。元世祖中统三年（1262年），郭守敬向忽必烈提出兴修六项水利工程，修复中都（今北京）至通州的漕运河道，及对滏水、漳水、沣水、沁河和黄河等进行修浚的建议，受到忽必烈赏识。他先后主持兴修了一系列华北的水利工程，又修整了西夏（今甘肃宁夏一带）沿黄河流域一带的古灌溉渠道，新修了许多水闸、水坝，推动了当地农业经济的发展。在郭守敬的合理规划与管理之下，西夏沿黄河一带的古灌溉渠道得到有效治理，疏浚了大小古渠道八十多条，灌溉面积扩大。"塞北江南"重获新机。至元二十八年（1291年），郭守敬向忽必烈提出兴修包括大都运粮河道在内的十一条水系的建议，获允。同年，郭守敬提出废永济渠，开惠通河，对大运河改道、裁弯取直等建议，亦被采纳，并被任命为都水监事，负责大运河修治。在其设计与监督之下，元开辟了大都（今北京市市区）的白浮堰，开凿了由通州到大都积水潭（今北京什刹海）大运河最北的一段——通惠河。按地形地貌变化及水位落差，他在运河中设闸坝、斗门，解决了水量和水位带来的问题。京杭大运河最终建成，航程大大缩短，为元以后南北物资流通提供了便利的水运条件。

天文方面。郭守敬自至元十三年（1276年）起，奉命修订新历法，历时四年，制订出通行三百多年的《授时历》。郭守敬纠正了七个历代沿用的重要天文数据，创立了五种新的推算方法，撰写《推步》七卷、《立成》二卷、《历议拟稿》三卷、《转神选择》二卷、《上中下三历注式》十二卷。这些著作成为研究我国天文历法的重要材料。1279 年，郭守敬与王洵及工匠合作，修建大都司天文台，为当时世界上最完善的天文台之一。大都司天台建成之后，1279—1280 年，郭守敬组织了全国规模的天文测量活动，即"四海测验"，在全国范围内设立二十七个观测点，比唐代天文学家张遂组织的天文观测的观测点多一倍。观测点东起朝鲜半岛，西抵川滇和河西走廊，南及南海，北至西伯利亚，南北总长一万多里，东西绵延五千里。1286 年，郭守敬升任太史令，把自己的著作整理后进献朝廷。这些著作包括：《时候笺注》二卷，授时历《修改源流》一卷，《新测二十八宿杂坐诸星入宿去极》一卷，《新测无名诸星》一卷，《月离考》一卷，《仪象法式》二卷，《二至晷景考》二十卷，《五星细行考》五十卷，《古今交食考》一卷，《仪象法式》二卷，同时还有关于仪器结构、观测记录等研究的专著九卷。为纪念郭守敬在天文学方面的贡献，1970 年，国际天文学会将月球上的一座环形山命名为"郭守敬环形山"。1977 年 3 月，国际小行星中心将小行星 2012 命名为"郭守敬小行星"。

郭守敬在机械制造方面亦有很高成就，认为："历之本在于测验，而测验之器莫先仪表。"据统计，郭守敬创制的天文仪器不少于 22 种，有 17 种是他在编制《授时历》的过程中，根据实际工作的需要而制成的。其中以圭表与简仪最为著名。西方传教士汤若望对郭守敬大为叹服，认为这两种仪器领先西方三个世纪，称郭守敬为"中国的第谷"。

（四）元代作曲家马致远

马致远（约 1251—1321 以后），号东篱，一说字千里，祖籍河北东光县马祠堂村。元代著名散曲家、杂剧家，其中杂剧成就最为突出，被后人誉为"马神仙"，又称"曲状元"，与关汉卿、郑光祖、白朴并称"元曲四大家"。马致远一生仕途不顺，晚年归隐，专事创作。马致远擅长用叹世超世的形式虚掩其外，使愤世抗世的内容深寓其中。他著有杂剧 15 种，今存《破幽梦孤雁汉宫秋》《江州司马青衫泪》《西华山陈抟高卧》《吕洞宾三醉岳阳楼》《马丹阳三度任风子》《半夜雷轰荐福碑》，以及与李时中、红字李二、花李郎合写的《邯郸道省悟黄粱梦》。吕天成、张大复说马致远作过南戏《苏武持节北海牧羊记》等。他的杂剧以《汉宫秋》最有影响。《汉宫秋》以汉元帝与王昭君的爱情故事为主线，在久经流传的民间传说的基础上，成功地塑造了王昭君这一爱国者的形象。汉代明妃在戏曲界的形象自此基本定型。他的元曲《天净沙·秋思》被称为"秋思之祖"。

（五）清代学者纪昀

纪昀（1724—1805），字晓岚，又字春帆，出生于直隶河间府献县（今河北沧县）崔尔庄。祖籍为应天府上元县，传明永乐二年（1404 年），奉皇命迁至献县，至纪昀时已为第十四代。他是清著名学者、文学家、编纂家、评论家和诗人，在哲学、史学、文学、书法等方面均有很高造诣。

纪昀自幼聪明过人，六岁时参加童子试，成绩优异，获"神童"之誉。乾隆十九年（1754 年）中进士，任翰林院庶吉士，官至礼部尚书、协办大学士。纪昀才思敏捷，学识渊博，主持编纂《四库全书》，共收书 3460 余种、79300 余卷（文渊阁本）。《四库全书》是中国古代卷帙最多的一部综合性丛书。纪昀还亲自参与编成《四库全书总目提要》《四库全书简明目录》，在搜集整理古籍、继承文化遗产方面做出重大贡献。纪昀五次出掌都察院，三次出任礼部尚书，著有《阅微草堂笔记》《纪文达公遗集》等。纪昀去世后，嘉庆御赐碑文"敏而好学可为文，授之以政无不达"，谥号文达。

（六）当代哲学家张岱年

张岱年（1909—2004），河北献县人。当代著名哲学家、哲学史家。1933 年毕业于北京师范大学教育系，任教于清华大学哲学系，后任私立中国大学讲师、副教授，清华大学副教授、教授。1952 年后任北京大学哲学系教授、清华大学思想文化所所长、中国社会科学院哲学研究所兼职研究员，1980 年后任中国哲学史学会会长、名誉会长。20 世纪 40 年代，他陆续写成代表其哲学思想体系的《哲学思维论》《知实论》《事理论》《品德论》《天人简论》，统称《天人五论》。他在哲学领域的贡献可分为三个方面，分别为中国哲学史研究、哲学理论问题研究与文化问题研究。

张岱年 27 岁时即完成 50 余万字的传世之作《中国哲学大纲》，为中国近代第一部以逻辑分析和辩证方法撰写的中国哲学范畴史。之后，他陆续出版《中国哲学发微》《中国伦理思想研究》《中国古典哲学概念范畴要论》等书。张岱年对先秦诸子、汉魏哲学、宋明理学、明清实学等中国传统哲学思想均有深入研究，注意阐明中国传统哲学中的唯物论与辩证法思想。张岱年在 20 世纪 30 年代即吸收恩格斯、列宁的哲学著作，赞同辩证唯物论的哲学，同时对英国哲学家罗素、穆尔等人的逻辑分析方法也颇为欣赏。他撰写了《哲学思维论》，用分析方法对唯物辩证法进行阐释，认为逻辑分析方法与唯物辩证法是相辅相成的。文化方面，张岱年 20 世纪 30 年代参加了关于文化问题的讨论，既反对全盘西化论，也不赞同传统文化复兴论，主张汲取西方文化的特长，同时发扬中国文化的优秀传统，提出"综合创新论"。

二、帝后将相

(一)短命皇帝王莽

王莽(前 46—23)，字巨君，魏郡元城人(今河北邯郸大名县)，西汉末年政治家，新朝开国皇帝。王莽出身外戚之家，为西汉孝元皇后王政君的侄子。早年任大司马，为官清廉，谦恭俭让，礼贤下士。西汉末年，汉哀帝早亡，未留子嗣，太后王政君执掌朝政。王莽依恃太后权力，培植势力，排挤异己，同时注重笼络民心，树立威望。元始五年(公元 1 年)，汉平帝病死以后，王莽代理朝政，逐渐大权独揽，于公元 8 年称帝，改国号"新"。称帝之后，王莽进一步推行新政，史称"王莽改制"。但其改革并未解决当时的社会矛盾，反而使之激化，引发经济混乱，社会动荡。地皇四年(23 年)，王莽为乱军所杀。人们对王莽的历史评价颇有争议，正统史观视其为篡位奸臣，近代史学界则肯定其在社会改革方面的探索与尝试。

(二)宋代名臣潘美

潘美(925—991)，字仲询，五代宋初大名府人，北宋开国名将。潘美与宋太祖赵匡胤交情素厚，受到重用，随太祖平定李重进之乱，任扬州巡检，镇守扬州、潭州，后升任潭州防御使。开宝三年(970 年)，任贺州路行营诸军都部署，率军攻灭南汉。开宝八年(975 年)，任昇州道行营都监，率军灭南唐。太宗即位以后，任宣徽南院使，被封为韩国公，开府仪同三司。雍熙三年(986 年)，率军北伐，在攻打辽国的战争中陷害副将杨业，导致杨业全军覆没，攻辽失败。削三秩，降为检校太保。次年复旧官，后加同平章事。因病去世后，朝廷追赠其为中书令，谥号武惠。

(三)明代张皇后

明孝宗皇后张氏（约1470—1541），民间俗称"张娘娘"，兴济（今河北青县）人。成化二十三年（1487年），张氏被选为太子妃。同年九月，太子朱祐樘登基，即明孝宗。孝宗与张皇后感情极深，后宫除了张皇后，竟无其他妃嫔。武宗登基后，尊张氏为皇太后。正德五年（1510年），上尊号"慈寿皇太后"。武宗去世后，她以太后身份主政，裁判宦官，整顿吏治。在张太后和杨廷和主政期间，出现了明中期少有的兴盛局面。明世宗朱厚熜入继大统，称"圣母"，加尊号"昭圣慈寿"。嘉靖三年（1524年），加"昭圣康惠慈寿"，改称"伯母"。嘉靖十五年（1536年），复加"昭圣恭安康惠慈寿"。张皇后于嘉靖二十年（1541年）去世，谥"孝康端肃庄慈哲懿翊天赞圣敬皇后"，与孝宗合葬泰陵。

(四)明代名臣王翱

王翱（1384—1467），字九皋，盐山（今河北省沧州市）人，明代名臣。明永乐年间进士，历任大理寺左寺正、右佥都御史、辽东提督、两广总督等，最后官至吏部尚书。王翱为官刚明廉直，不徇私情，为人重义轻财，生活简朴。他在整顿吏治、平定叛乱、减免赋税、安定边境等方面均有作为。晚年他德高望重，受到英宗尊宠，时常被召到便殿议事。英宗称他为"先生""老王"而不称其名。

(五)清代名吏袁懋功

袁懋功（1612—1671），直隶香河人，清代名吏，时有"南范北袁"之说。"南范"即浙江巡抚范承谟，"北袁"即袁懋功。袁懋功年少时就已显示出过人才智，清顺治三年（1646年）考中进士，历任礼科给事中、刑科给事中、太常寺少卿、通政司通政使、刑部侍郎、吏部侍郎、光禄寺少卿、都察院左副都御史、户部右侍郎、云南巡抚、山东巡抚等职。袁懋功为官清廉，关心百姓疾苦，管理才能卓著。顺治十七年（1660年）出任云南巡抚，在任九年，大胆革除地方弊政，发展农业，减轻赋役，注意协调民族关系。康熙八年（1669

年），袁懋功调任山东巡抚，时值山东连年灾荒，民生甚苦。袁懋功深入民间了解百姓疾苦，革除敝治，减免税赋，惩治罪犯，仅用一年时间，便使社会秩序得以稳定，农业生产得到恢复发展。两年之后，朝廷拟调袁懋功改任两浙巡抚。山东各界纷纷奏请留任。同年，袁懋功病逝。袁懋功死讯传至京城，内外震动，悲恸、惋惜之情不绝。袁懋功卒后归葬之时，山东沿途哭拜者众多，有数百人护送灵柩到香河。袁懋功安葬于香河县大王庄村前的袁家祖坟内，墓前有石碑，刻有保和殿大学士李霨撰文、兵部尚书朱之弼书丹的墓志铭。

（六）清代名臣张之洞

张之洞（1837—1909），字孝达，号香涛、香岩，晚年自号抱冰，清代直隶南皮人，洋务派代表人物。他提出的"中学为体，西学为用"是对洋务派和早期改良派基本纲领的总结和概括，在近代思想界产生了深远影响。张之洞与曾国藩、李鸿章、左宗棠并称"晚清四大名臣"。

张之洞道光十七年（1837年）出生于贵州兴义府，其父张瑛任兴义知府。他自幼博闻强识，文才出众，11岁即为贵州全省学童之冠。咸丰三年（1853年）参加直隶南皮应顺天乡试，名列榜首。同治二年（1863年）考中进士，后历任翰林院编修、教习、侍读、侍讲学士及内阁学士等职，为清流派重要成员。光绪七年（1881年），他出任山西巡抚，之后力主支持洋务运动，开办新式企业。

1884年春，中法战争前夕，张之洞出任两广总督，力主抗法。他在广东筹建官办企业，设立枪弹厂、铁厂、铸钱厂、机器织布局、矿务局等；以新式装备和操法练兵，设广东水陆师学堂。1889年调湖广总督。任湖广总督期间，他将在广东向外国订购的机器移设湖北，建立湖北铁路局，湖北铁工厂，湖北纺织官局（包括织布、纺纱、缫丝、制麻四局），并开办大冶铁矿、内河船运和电讯事业，力促兴筑卢汉、粤汉、川汉等铁路。1894—1895年，署督两江时，他仿德国营制，在江宁（今江苏南京）筹练江南自强军，后以之为基础在湖北编练新军。为培养洋务人才，他尤注重广办学校，在鄂、苏两地设武备、农工商、铁路、方言、普通教育、师范等新式学堂。在其改革军政、振兴实业、广开新学等多项措施的促进之下，湖北人才鼎盛、财赋称饶，成为后期洋务新政的中心地区。毛泽东曾言，中国民族工业不能忘记张之洞。

清朝末期，张之洞致力于政治与教育改革。1898 年，他撰《劝学篇》，提出"中学为体，西学为用"，宣传洋务主张，反对变法运动。清末新政期间，张之洞与刘坤一联合上"江楚会奏变法三折"，提出"兴学育才"办法四条，调整中法关系十二事，采用西法十一事，为新政的重要蓝本。1903 年，他会同管理学务大臣商办学务，仿照日本学制拟定"癸卯学制"（1903 年经修改重颁的《奏定学堂章程》），首采近代教育体制。张之洞于宣统元年（1909 年）病故，谥文襄，遗著辑为《张文襄公全集》。

三、民国名人

（一）民国总统冯国璋

冯国璋（1859—1919），字华甫，直隶河间人，直系军阀首领，与王士珍、段祺瑞并称"北洋三杰"，曾任民国总统。冯国璋早年家境艰难，为谋出路投奔淮军，开始军旅生涯。1885 年进入北洋武备学堂，曾参加甲午中日战争，受聂士成赏识，并得聂推荐赴日本考察军事。武备学堂毕业以后，进入天津小站协助袁世凯，成为北洋军骨干、袁世凯心腹。辛亥革命期间，冯国璋被清政府任命为第二军军统，镇压武昌起义，但他只以袁世凯之命是从。辛亥革命结束以后，冯国璋继续听命于袁世凯，逼迫清帝退位，胁迫革命党人向袁世凯妥协。1912 年 9 月，冯国璋出任直隶省都督兼民政长，后参与镇压"二次革命"，出任江苏都督，坐镇东南。袁世凯死后，黎元洪继任大总统，冯国璋任副总统。张勋复辟后，黎元洪辞职，冯国璋进京任代理总统。1918 年 8 月，冯国璋通电辞去副总统，返回河间故里。1919 年 10 月，他重返北京，伺机东山再起，12 月病逝。

（二）抗日名将马本斋

马本斋（1901—1944），原名马守清，回族，河北献县人。抗日战争时期八路军冀中军区回民支队的创建人，民族英雄。马本斋出生于河北献县一个贫苦农民家庭，10 岁入私塾读书，后因家贫辍学，随父外出做工。1921 年参加奉军，1922 年进入东北讲武堂学习，毕业后历任连长、营长、团长。1931

年九一八事变后，因不满对日不抵抗政策，他毅然卸甲，回归乡里。

1937年7月，全面抗日战争爆发后，河北沦陷，马本斋组织回民抗日义勇队，抵抗日本侵略军。1938年4月，率队参加八路军，同年加入中国共产党，其部改编为冀中军区回民教导总队，马本斋任总队长。之后，他历任八路军第三纵队回民支队司令员、冀鲁豫军区第三军分区司令员兼回民支队司令员。马本斋作战勇猛，身先士卒。改编后的回民支队在马本斋的率领下，战斗力不断提高，队伍发展到2000多人，成为能征善战的抗日劲旅。从1937年至1944年，马本斋率领回民支队，不惧牺牲，浴血作战，经历大小战斗870余次，屡建战功，歼灭日伪军3.6万余人。1944年2月，马本斋在山东莘县病逝。1954年，马本斋灵柩迁至石家庄华北军区烈士陵园。为纪念马本斋，冀中第八分区行政公署将马本斋诞生地命名为本斋村。1952年12月，献县人民政府设立本斋乡。1984年2月，献县人民政府将本斋人民公社改为"本斋回族乡"。2009年，马本斋入选"100位为新中国成立作出突出贡献的英雄模范人物"。

(三)民族英雄范筑先

范筑先(1881—1938)，原名金标，又名夺魁，河北馆陶人，著名民族英雄、抗日烈士、爱国将领。范筑先幼时家贫，9岁入私塾读书。1904年因生活所迫，离家从军。辛亥革命后，他历任中央陆军第四师连、营、团、旅等职。九一八事变后，他到山东韩复榘的第三路军任少将参议，后任沂水、临沂县县长，为官清廉，受到地方拥护。

全面抗日战争爆发后，他任山东省第六区游击司令员，在鲁西北地区组织群众进行抗日。1937年11月，日军侵犯鲁西北，在中国共产党推动下，他坚决抵制韩复榘向黄河以南撤退的命令，率部击退敌人多次进攻。后来，他接受中共鲁西北特委建议，将各地武装和地方民团收编为抗日游击队，先后建立了30多个县的抗日政权和6万人的抗日武装。他亲自主办军事、政治干部训练班，组建了许多抗战群众团体，出版了《山东人》《抗战日报》《先锋月刊》《战线》等刊物，使鲁西北成为坚强的抗日堡垒。1938年，他拒绝国民党政府将抗日武装改编为省属保安旅的命令，并与八路军一二九师签订互相支持的协议。武汉保卫战期间，他两次组织部队进击日军占领下的济南，牵制日军行动。1938年11月14日，日军进攻聊城，范筑先率部抗击。次日城陷，六七百名将士战死。范筑先身受重伤，不甘被俘，举枪自戕。范筑先壮烈殉国后，举国震悼，国共两党都为其举行了隆重的追悼会。1953年，其遗骸由聊城移至邯郸晋冀鲁豫烈士陵园。聊城建有范筑先将军纪念馆，馆内立有邓小平亲笔题写的"民族英雄范筑先将军殉国处"纪念碑。

(四)京剧名旦荀慧生

荀慧生(1900—1968)，初名秉超，河北东光人。1925年演《打渔杀家》后，改名荀慧生，号留香，艺名"白牡丹"。他是著名京剧表演艺术家，民国"四大名旦"之一。

荀慧生幼时家贫，早年学习河北梆子，后改学京剧。为谋发展，受杨小楼提携进入京剧界。荀慧生将河北梆子唱腔融入京剧表演，又吸收"海派"与"新剧"表演风格，形成独特的表演风格，创立"荀派艺术"。荀慧生擅长塑造活泼热情的少女形象，加之戏路宽，两次当选"四大名旦"，有"无旦不荀"之美誉。荀慧生长年与陈墨香、陈水钟合作，编演了大量新戏。荀慧生一生演出剧目有300多出，大致可以分为三类：一是《绣襦记》《丹青引》《红娘》《勘玉钏》《钗头凤》《鱼藻宫》《红楼二尤》《荀灌娘》等新编演的剧目；二是《贩马记》《玉堂春》《十三妹》《得意缘》等增益首尾的传统剧目；三是从梆子移植为京剧的《花田错》《元宵谜》《辛安驿》《香罗带》等。其他剧目还有《杜十娘》《金玉奴》《卓文君》《胭脂虎》《霍小玉》等。

参考文献

一、古　籍

[1]陈寿．三国志[M]．北京:中华书局,2006.

[2]欧阳修,宋祁．新唐书[M]．北京:中华书局,1975.

[3]司马光．资治通鉴[M]．北京:中华书局,2009.

[4]脱脱,等．宋史[M]．北京:中华书局,1997.

[5]沈括．梦溪笔谈[M]．上海:上海古籍出版社,2015.

[6]宋大诏令集[M]．北京:中华书局,1962.

[7]欧阳文忠公集[M]．影印．上海:上海书店出版社,1989.

[8]李吉甫．元和郡县图志[M]．北京:中华书局,1983.

[9]荀悦．汉纪[M]．北京:中华书局,2002.

[10]张瀚．松窗梦语[M]．北京:中华书局,1985.

[11]刘昫,等．旧唐书[M]．北京:中华书局,1975.

[12]顾炎武．天下郡国利病书[M]．上海:上海科学技术文献出版
　　社,2002.

[13]薛居正．旧五代史[M]．北京:中华书局,1976.

[14]顾祖禹．读史方舆纪要[M]．北京:中华书局,2005.

[15]程廷恒．大名县志[M]．影印．上海:上海书局出版社,2006.

[16]馆陶县志[M]．影印．台北:成文出版社,1976.

[17]李宗昉,等．钦定户部漕运全书[M]．影印．海口:海南出版
　　社,2000.

[18]张坪．民国沧县志[M]．影印．上海:上海书店出版社,2006.

[19]杨仲良．皇宋通鉴长编纪事本末[M]．哈尔滨:黑龙江人民出版
　　社,2006.

二、专　著

[1]安作璋．中国运河文化史[M]．济南:山东教育出版社,2001.

[2]陈璧显．中国大运河史[M]．北京:中华书局,2002.

[3]姚汉源．京杭运河史[M]．北京:中国水利水电出版社,1998.

[4]姚汉源．中国水利发展史[M]．上海:上海人民出版社,2005.

[5]张金池,等．京杭大运河沿线生态环境变迁[M]．北京:科学出版社,2012.

[6]姚汉源．黄河水利史研究[M]．郑州:黄河水利出版社,2003.

[7]王树才．河北省航运史[M]．北京:人民交通出版社,1988.

[8]山东运河航运史编纂委员会．山东运河航运史[M]．济南:山东人民出版社,2011.

[9]熊达成,郭涛．中国水利科学技术史概论[M]．成都:成都科技大学出版社,1989.

[10]傅崇兰．运河史话[M]．北京:中国大百科全书出版社,2000.

[11]傅崇兰．中国运河城市发展史[M]．成都:四川人民出版社,1985.

[12]史念海．中国的运河[M]．西安:陕西人民出版社,1988.

[13]河北省文化局民歌编选小组．河北民歌选[M]．石家庄:河北人民出版社,1979.

[14]河北省南运河下游疏浚委员会文牍股．河北省南运河下游疏浚委员会报告书[M]．天津:河北省南运河下游疏浚委员会文牍股,1936.

[15]李存修．行走大运河[M]．北京:中国旅游出版社,2013.

[16]孙继民．河北经济史:第一卷[M]．北京:人民出版社,2003.

[17]孟繁清．河北经济史:第二卷[M]．北京:人民出版社,2003.

[18]董丛林．河北经济史:第三卷[M]．北京:人民出版社,2003.

[19]天津市档案馆,等．天津商会档案汇编(1903—1911)[M]．天津:天津人民出版社,1989.

[20]黄仁宇．明代的漕运[M]．北京:九州出版社,2007.

[21]李治亭．中国漕运史[M]．台北:文津出版社,1997.

[22]陈峰．漕运与古代社会[M]．西安:陕西人民教育出版社,2000.

[23]彭云鹤．明清漕运史[M]．北京:首都师范大学出版社,1995.

[24]彭卫国．河北省非物质文化遗产项目价值与存续环境研究[M]．石家庄:河北美术出版社,2015.

[25]陈玉堂．中国近现代人物名号大辞典[M]．杭州:浙江古籍出版社,1993.

[26]李学通．运河与城市[M]．石家庄:河北人民出版社,2012.

[27]葛立辉．传统文化的活化石:邢台非物质文化遗产[M]．北京:方志出版社,2009.

[28]陈清义．聊城运河文化研究[M]．济南:山东画报出版社,2013.

[29]李泉,王云．山东运河文化研究[M]．济南:齐鲁书社,2006.

[30]徐从法．京杭大运河史略[M]．扬州:广陵书社,2013.

[31]李洛之,聂汤谷.天津的经济地位[M].天津:南开大学出版社,1994.

[32]刘建中.盘古故里 魅力青县[M].石家庄:河北美术出版社,2015.

[33]国家粮食局.中国粮食企业风采[M].北京:经济管理出版社,2006.

[34]张永君.中国百名优秀企业家奋斗史:粮食卷[M].北京:中国经济出版社,2013.

[35]范玉强,陈景林.中国中医药文化遗存[M].天津:天津社会科学院出版社,2015.

[36]张立芳.河北文化遗产[M].北京:文物出版社,2010.

[37]王朝彬.中国海疆炮台图志[M].济南:山东画报出版社,2008.

[38]刘裕民,李亚.邯郸览胜[M].北京:中国文史出版社,2008.

[39]吴昌华.节海导游[M].济南:山东友谊出版社,1997.

[40]虞和平.商会与中国早期现代化[M].上海:上海人民出版社,1993.

[41]张镜予.中国农村信用合作运动[M].上海:商务印书馆,1930.

[42]张驭寰.中国城池史[M].北京:中国友谊出版公司,2015.

[43]白寿彝.中国通史:第5卷[M].上海:上海人民出版社;南昌:江西教育出版社,2015.

[44]赵芳.中国古都[M].北京:中国商业出版社,2015.

[45]范凤驰.泊头记忆[M].北京:东方出版社,2010.

三、论　文

[1]河北省文物保护中心.河北大名府故城宫殿遗址调查[J].文物春秋,2015(5).

[2]马晓男,武少颖.河北省大运河船工号子艺术特点及传承[J].作家,2014(8).

[3]王婧.明清时期卫河漕运治理与灌溉水利开发[J].河南师范大学学报(哲学社会学版),2012(1).

[4]郑民德.明清运河城市的历史变迁——以河北沧州为中心的历史考察[J].河北工业大学学报(社会科学版),2012,4(2).

[5]高元杰.20世纪80年代以来漕运史研究综述[J].中国社会经济史研究,2015(1).

[6]范铮,刘用良.沧州大运河船工号子研究[J].沧州师范学院学报,2018(4).

[7]陈秋静.从文化线路的角度看明清大运河的演变与价值研究——以沧州段为例[D].北京:北京理工大学,2015.

[8]李仪祉.华北水道之交通[J].华北水利月刊,1930,3(3).

[9]徐吉大.四十年来之华北水利(为国立北洋工学院四十周年纪念作)[J].华北水利月刊,1935,8(11-12).

[10]张谢.明清时期河北棉业述略[J].河北学刊,1982(1).

四、其　他

[1]蒙疆新闻社.蒙疆年鉴[M].张家口:蒙疆新闻社,1944.

[2]中国人物年鉴2011[J].中国人物年鉴,2012.

［3］中国家具协会.2017中国家具年鉴［M］.北京:中国林业出版社,2017.

［4］《沧州市志》编纂委员会.沧州市志［M］.北京:方志出版社,2006.

［5］青县地方志编纂委员会.青县志［M］.北京:方志出版社,1999.

［6］南皮县地方志编纂委员会.南皮县志［M］.石家庄:河北人民出版社,1992.

［7］刘树鑫,等.南皮县志［M］.影印.台北:成文出版社,1968.

［8］河北省香河县地方志编纂委员会.香河县志［M］.北京:中国对外翻译出版公司,2001.

［9］河北省泊头市地方志编纂委员会.泊头市志［M］.北京:中国对外翻译出版公司,2000.

［10］大名县县志编纂委员会.大名县志［M］.北京:新华出版社,1994.

［11］高阳县地方志编纂委员会.高阳县志［M］.北京:方志出版社,1999.

［12］中国驻屯军司令部.二十世纪初的天津概况［M］.侯振彤,译.天津:天津市地方史志编修委员会总编辑室,1986.

［13］中国人民政治协商会议河北省沧州市委员会文史资料研究委员会.沧州文史资料:第一辑［M］.石家庄:河北人民出版社,1987.

［14］河北省地名办公室.河北省地名志:沧州地区分册［M］.石家庄:河北省地名办公室,1983.

［15］王庆安.青县文史资料［M］.青县:青县政协文史资料委员会,［出版日期不详］.

［16］邢台市政协文史资料委员会.邢台文史资料:第12辑［M］.邢台:邢台市政协文史资料委员会,1999.

［17］政协临西县委员会.临西文史:第5辑［M］.临西:政协临西县委员会,2002.

［18］天津市档案馆,天津社会科学院历史研究所,天津市工商业联合会.天津商会档案汇编(1903—1911)［M］.天津:天津人民出版社,1989.

［19］黄惠贤.二十五史人名大辞典［M］.郑州:中州古籍出版社,1997.

［20］彭卫国.河北省非物质文化遗产图典:第4辑［M］.石家庄:河北美术出版社,2015.

［21］熊月之,等.大辞海:第12卷［M］.上海:上海辞书出版社,2015.

［22］杨倩描.宋代人物辞典［M］.保定:河北大学出版社,2015.

［23］政协邢台市委员会.邢台历史文化辞典［M］.北京:中国文史出版社,2012.

［24］王巍.中国考古学大辞典［M］.上海:上海辞书出版社,2014.

［25］朱道清.中国水系词典［M］.青岛:青岛出版社,2007.

［26］王禹翰.中外名人全知道［M］.沈阳:万卷出版公司,2013.

［27］张妙弟.中国国家地理百科全书:第2册［M］.北京:北京联合出版公司,2016.

［28］马维彬.河北省非物质文化遗产图典:第1辑［M］.石家庄:河北美术出版社,2007.

［29］国家文物局.中国历史文化名城词典:第3编［M］.上海:上海辞书出版社,2000.

［30］江苏省财政志编辑办公室.江苏财政史料丛书:第1辑［M］.北京:方志出版社,1999.

［31］葛立辉．传统文化的活化石：邢台非物质文化遗产［M］．北京：方志出版社，2009．

［32］翟文明．中国历史常识世界历史常识全知道［M］．北京：北京联合出版公司，2016．

［33］张世喜．赤城历代行政区划［M］．北京：经济日报出版社，2015．

［34］河北省民政厅．河北省行政区划变更资料（1949—1984）［M］．石家庄：河北省民政厅，1985．

［35］韩光辉．北京历史人口地理［M］．北京：北京大学出版社，1996．

［36］派伦．天津海关十年报告书（1902—1911）［J］．许逸凡，译．天津历史资料，1981(13)．

［37］派伦．天津海关一八九二——一九〇一年十年调查报告书［J］．许逸凡，译．天津历史资料，1965(4)．

［38］佚名．天津海关十年报告(1922—1931)［J］．天津历史资料，1980(5)．

后　记

　　大运河为中国重要文化遗产,是中华文化宝库的重要财富。2017 年,习近平总书记做出建设大运河文化带的重要指示,全国迅速兴起对运河文化的调查与研究热潮。河北是运河流程最长省份,为加强对河北运河的调查研究,河北师范大学倡导展开对运河历史文化、环境、经济、教育等全面的调研活动。作为历史学院的教师,我比较荣幸地受托进行大运河河北段的历史文化调研。2017 年暑假,我带领学生分赴香河、沧州、泊头、大名等运河流经县市进行实地调研,搜集了大量与运河文化相关的文物、民俗资料,统筹整理运河文化调研报告。2018 年,我以调研报告为基础,另参阅大量历史文献,完成此书。本人并非以文化研究见长,此次运河历史文化调研与书稿写作,对我是比较大的挑战。在查阅文献与写作过程中,我为河北运河曲折悠长的发展历史,为河北悠久丰富的运河文化所震撼,所折服,并产生浓厚兴趣。奈何专业学识所限,书稿虽得粗成,也只是对河北运河文化的发展做简单回顾,蜻蜓点水,更专业的研究尚待后来学者进一步深入,我本人亦会保持对运河文化的长期关注。

　　在此,感谢河北师范大学与历史学院领导的大力支持,感谢历史学院学生刻苦调研,搜集整理出大量资料。历史学院谷更有教授无私提供的运河申遗调研资料更是丰富了本书的论述。在写作过程中,我咨询过许多文物界与文化界专家,在此一并致谢。

图书在版编目（CIP）数据

大运河河北段历史文化记忆 / 康金莉编著. —北京：北京师范大学出版社，2021.5

（大运河历史文化丛书）

ISBN 978-7-303-26947-1

I.①大… II.①康… III.①大运河－文化－历史 IV.①K928.42

中国版本图书馆 CIP 数据核字（2021）第 056860 号

营　销　中　心　电　话　010-58802135　010-58802786

北师大出版社教师教育分社微信公众号　京师教师教育

DAYUNHE HEBEIDUAN LISHI WENHUA JIYI

出版发行：北京师范大学出版社　www.bnup.com

北京市西城区新街口外大街 12-3 号

邮政编码：100088

印　　刷：鸿博昊天科技有限公司

经　　销：全国新华书店

开　　本：730 mm×980 mm　1/16

印　　张：10.5

字　　数：170 千字

版　　次：2021 年 5 月第 1 版

印　　次：2021 年 5 月第 1 次印刷

定　　价：46.00 元

策划编辑：王剑虹　　　　　　　责任编辑：梁宏宇

美术编辑：李向昕　　　　　　　装帧设计：李向昕

责任校对：康　悦　　　　　　　责任印制：马　洁